Myrna Solotorevsky

LITERATURA **PARALITERATURA**

Puig, Borges, Donoso, Cortázar, Vargas Llosa

EDICIONES HISPAMERICA

1988

Diseño de tapa: Beatriz Wasserman

Copyright © by Ediciones Hispamérica
        5 Pueblo Court
        Gaithersburg, MD 20878 U.S.A.

Library of Congress Catalog Card Number: 88-83025
I.S.B.N: 0-935318-16-X

A la memoria de mi padre.

Para mi madre.
Para Gadi.

Agradezco a
Esther A. Schkolnik,
su inspiración y ayuda.

INTRODUCCION

El texto que a continuación desplegaremos, se funda en la distinción entre dos zonas: literatura y paraliteratura, entendiendo a esta última como literatura de masas o marginal. Proyectaremos respecto de dichos ámbitos un criterio valorativo, estando conscientes de que él no es estático sino se encuentra sujeto a imperativos epocales.[1] Nuestras afirmaciones pretenden ser válidas para la época contemporánea, cuyo arte se caracteriza por el culto a la originalidad.[2] Nos proponemos observar las diversas relaciones que se configuran —en el corpus seleccionado— entre esas dos zonas, una, a nuestro juicio, poseedora y otra desprovista de valor estético.

Nos parece a este respecto útil y clarificadora la teoría de Even-Zohar (1979), la cual, asumiendo la rica herencia legada por el Formalismo ruso, estima a la literatura como un polisistema —un sistema múltiple y dinámico— en el que cabe distinguir una literatura canonizada, apoyada por las elites y sujeta a los modelos culturales de éstas, en oposición a una literatura no-canonizada. La elite, señala Even-Zohar, puede ser innovadora o conservadora, es decir, adherir a valores de originalidad, excentricidad o a los opuestos; mediante dichos valores, la elite controla el centro del sistema semiótico cultural, el cual será así idéntico al más prestigioso repertorio canonizado. En el polisistema los movimientos son persistentes y no cabe pensar en relación a él en términos de un solo centro y una sola periferia.

Even-Zohar destaca la necesidad de la acción vitalizante de la literatura no canonizada respecto de la canonizada, para evitar la petrificación de esta última: "when there is no 'sub-culture,' or when it is not allowed to exert real pressures on 'high' /official/ canonized culture, there is little chance of there being a vital 'high' culture. Without the estimulation of a strong 'sub-culture' or 'popular art' the need for real competition will not be created. Under such circumstances, any canonized semiotic activity tends gradually to become petrified." (1979, p. 296).

La teoría de Even-Zohar implica un rechazo de los juicios de valor para una selección apriorística de los objetos de estudio: "If one accepts the PS hypothesis (Polysytem hypothesis), then one must also accept that literary historical poetics —the historical study of literary polysystems— cannot confine itself to the so-called 'masterpieces,' even if some would consider them the only *raison d'être* of literary studies in the first place. (This is an attitude we need not accept.)" (1979, p. 292). Concordamos con este criterio, como se advierte en el hecho de que tanto literatura como paraliteratura constituyen nuestro objeto de estudio; pero nos importa fundamentalmente preservar y fundamentar las distinciones entre ambos sectores, lo que redundará, como anunciáramos, en una valoración o jerarquización de los mismos.[3]

Conjuntamente con la vitalización que recíprocamente se provocan literatura y paraliteratura, puede surgir entre ambas manifestaciones una relación altamente beligerante, la cual es ostensible en el ámbito de la literatura latinoamericana contemporánea; en ella, Arte de vanguardia y Kitsch, tienden cada uno a fagocitar al otro y a autopreservarse, haciéndose a consecuencia de ello, el arte extremadamente complejo y hermético.[4] Como parte de este proceso, la literatura incorporará a sí modelos y procedimientos paraliterarios, suscitando a través de ellos intencionales efectos de ruptura. El estudio de estas modalidades constituirá propiamente el ámbito de nuestro análisis.[5]

Asumiendo que literatura y paraliteratura constituyen una pareja indisociable cuyos términos están unidos por una relación dialéctica (Angenot 1975), nos interesa deslindar teóricamente ambos fenómenos, para lo cual nos basaremos primeramente en el esquema de las funciones de Jakobson. En un texto literario, la función dominante es por definición la función poética, que corresponde a la focalización orientada hacia el mensaje en sí —hacia el texto— el cual no es un medio para el cumplimiento de una finalidad externa a él sino un objetio en sí mismo. Postulamos que en la paraliteratura, en cambio, el predominio de la función poética ha sido reemplazado por el de la función conativa, cuya eficacia requiere y suscita una intensificación de la función fática; se trata, pues, en este caso, de ejercer un efecto determinado en el lector, efecto que varía en los diferentes géneros paraliterarios, pudiendo así reconocerse, por ejemplo, una función dominante conativo-emotiva en la novelita rosa y el melodrama, una función dominante conativo-cognitiva en la novela detectivesca clásica, una función dominante conativo-sensual en la novela erótica y una función dominante conativo-referencial por lo que respecta a la prensa que podemos calificar de paraliteraria; lo importante en cada caso sería el logro del efecto persuasivo sobre el destinatario.[6]

Las consecuencias que esta diferencia de función dominante suscita son múltiples. Centrémonos primeramente en el concepto "distancia contemplativa" o "distancia estética", que constituye un factor necesario para la captación literaria; dicha captación sería malograda en el caso de que el lector, por determinadas razones, suprimiera la distancia y substituyera narcisísticamente el objeto de contemplación por su propio yo o involucrara a personajes o acontecimientos de la obra en el ámbito de las urgencias de la vida práctica.[7] La distancia contemplativa es anulada, en cambio, en la experiencia paraliteraria, en la cual el mensaje es reducido a un medio para lograr la imposición de determinados efectos en el destinatario.

La noción de distancia se relaciona a otro concepto, el de "desinterés",[8] que entenderemos como un desinterés recíproco, del texto, que no pretende imponerse al lector a través de efectos previamente elaborados en la obra misma, y del lector, que no utiliza al texto como medio de autosatisfacción sino como objeto de contemplación.[9] Paradójicamente, este desinterés respetuoso sería la muestra del más intenso interés en el cumplimiento del objeto estético como tal. Cabe a este respecto asumir la oposición que plantea Greenberg (1960) y luego, Eco (1977) entre efectos y procedimientos; en términos de este último, mientras la cultura media y popular no vende ya obras de arte sino sus efectos, los artistas, por reacción, enfatizan los procedimientos y los eligen como objeto: "el Kitsch pone en evidencia las reacciones que la obra debe provocar, y elige como finalidad de la propia operación la preparación emotiva del fruidor" (p. 88).[10]

El predominio de la función poética —función que se reconoce por el desplazamiento del principio de equivalencia, del eje de la selección al eje de la combinación— suscita como consecuencia ya destacada por Jakobson (1960), la polisemia del texto poético; esta multisistematicidad asegura la entropía de la obra literaria —entendida dicha entropía como indeterminación o impredictibilidad[11]— y con ello, su rico caudal informativo.[12] Al texto paraliterario corresponde, en cambio, un grado mínimo de información, debido a sus significaciones esencialmente predictibles y monovalentes; él se define, en este sentido, como una "narrativa de la redundancia" (Eco 1977, p. 285), como un texto "excesivamente redundante" (Suleiman 1983, p. 195).[13]

Sus redundancias constituyen a la obra paraliteraria en un texto
suscitador de placer, perteneciente a la categoría "texte de plaisir",
discernida por Barthes: "celui qui contente, emplit, donne de l'eupho-
rie; celui qui vient de la culture, ne rompt pas avec elle, est lié à une
pratique *comfortable* de la lecture." (1973a, p. 25). Esta provocación
de placer resulta comprensible desde la perspectiva freudiana según la
cual el placer es atribuible al ahorro de gasto psíquico y por ello el
reencuentro con lo conocido, suscita un efecto placentero (1970).[14]

El texto paraliterario satisface, pues, plenamente el "horizonte de
expectativas" del lector. Jauss afirma al referirse a dicho horizonte de
expectación: "La manera en que una obra literaria, en el momento
histórico de su aparición, satisface las expectativas de su primer
público, las supera, decepciona o frustra, suministra evidentemente
un criterio para la determinación de su valor estético. La distancia entre el horizonte de expectación y la obra, entre lo ya familiar de la experiencia estética obtenida hasta ahora y el 'cambio de horizonte' exigido con la recepción de la nueva obra, determina, desde el punto de
vista de la estética de la recepción, el carácter artístico de una obra literaria: en la medida en que esta distancia disminuye y a la conciencia
del receptor no se le exige volverse hacia el horizonte de una experiencia aún desconocida, la obra se aproxima a la esfera del arte 'culina-
rio' o de entretenimiento. Este último puede caracterizarse, desde el
punto de vista de la estética de la recepción, por el hecho de que no requiere ningún cambio de horizonte, sino unas expectaciones que son
indicadas e incluso cumplidas por una predominante tendencia del
gusto, satisfaciendo el deseo de reproducción de lo bello habitual, co-
rroborando sentimientos familiares, sancionando deseos, permitiendo
gozar de experiencias no corrientes a modo de algo 'sensacional', o
también planteando problemas morales, pero sólo para 'resolverlos'
en sentido edificante como cuestiones ya previamente solventadas."
(1976, pp. 174 y s.).

Se infiere de lo dicho que al texto paraliterario corresponde un
grado máximo de legibilidad (Barthes 1970), siendo su lector concebido como eminentemente receptivo y pasivo.[15] En una escala —cuya
postulación nos parece necesaria— que se extendería desde lo escribible hasta lo legible, el texto literario no ocuparía, a diferencia del
paraliterario, un lugar fijo, pudiendo su ubicación desplazarse desde
un máximo grado de escribibilidad posible[16] —en el que se exige el
mayor esfuerzo constructivo del lector, esfuerzo muchas veces cohe-

rentemente infructuoso[17]— hasta un grado apreciable, pero siempre menor al que corresponde a la paraliteratura, de legibilidad.

El contraste máximo entre manifestaciones de la paraliteratura y un texto escribible, puede ser apreciado recurriéndose a los polos metafórico y metonímico. La paraliteratura es metafórica, correspondiendo a ella lo que ha sido señalado respecto a la imaginación melodramática: "On the semantic level, the melodramatic imagination is a persistently metaphoric construct whose primary goal is to discover meaning(s), and, more often than not, a single, major meaning." (Rosbottom 1978, pp. 30 y s.). En oposición a esta búsqueda metafórica de la verdad, del significado "real", el texto escribible se resiste a la metáfora; es eminentemente metonímico; refiriéndose a él —bajo la denominación de Texto— señala Barthes: "la lógica que regula el Texto no es comprensiva (definir 'lo que quiere decir' la obra), sino metonímica; el trabajo de las asociaciones, de las contigüidades, de las acumulaciones [...]. El Texto, de esta forma, es restituido al lenguaje: como él, está estructurado, pero descentrado, sin clausura" (1974, pp. 74 y s.).

Como ha señalado Kristeva, en el texto en el que predomina la función poética, las unidades no son repetibles pues la unidad repetida ya no es la misma; al ser repetida, ella pasa a ser otra: "La répétition apparente XX n'équivaut pas à X. Il se produit un phénomène inobservable au niveau phonétique (manifeste) du texte poétique, mais qui est un effet de sens proprement poétique et consiste à lire dans la sécuence (répétée) elle même *et*, autre chose. Disons que ces phénomènes *inobservables* du langage poétique (et que nous relèverons dans ce qui suit comme des déviations des lois logiques) sont les effets de connotation dont parle Hjemslev." (1969, p. 259). Cohen (1976), partiendo de Kristeva, concluirá que el cambio que la repetición trae consigo es una intensificación del efecto patético o patemático.

Dado que en la paraliteratura la dominante no es la función poética, la paraliteratura constituirá el ámbito propio de la *repetición* —que se siente como tal, que no se transforma y crea así un efecto redundante— ello tanto en el ámbito intratextual como en las relaciones entre el texto y su género; la proliferación de clichés es una manifestación ostensible del rasgo que destacamos. La perspectiva freudiana ya señalada respecto del efecto placentero suscitado por lo conocido, es válida para el aspecto a que ahora nos referimos; Freud (1973) ha afirmado que en los juegos infantiles, la compulsión a repetir y la satisfacción instintiva, inmediatamente placentera, parecen converger en estrecha comunidad.[18]

Para el lector virtual de la paraliteratura, serían, pues, las repeticiones que dicho ámbito ofrece, repeticiones constructivas y no destructivas (Kawin 1972), no obstante enfatizar la igualdad (Rimmon-Kenan 1980)[19] pues contribuirían al poder interno de la obra, al ser suscitadoras de placer. Las repeticiones literarias, según el planteamiento expuesto, serían constructivas —enfatizadoras de la diferencia— pudiendo haber variaciones de grado respecto al acierto en su configuración y su contribución a la obra.

Al postular, como hemos dicho, un lector virtual para la obra paraliteraria, contradecimos el planteamiento de Eco, según el cual la paraliteratura no logra, como estrategia textual, planificar su lector modelo y puede así dar pie a cualquier decodificación aberrante: "When reading a Fleming novel or a Superman comic strip, one can at most guess what kind of reader their authors had in mind, not which requirements a 'good' reader should meet [...]. On the contrary, when reading *Ulysses* one can extrapolate the profile of a 'good *Ulysses* reader' from the text itself, because the pragmatic process of interpretation is not an empirical accident independent of the text *qua* text, but is a structural element of its generative process. As referred to an unsuitable reader (to a negative Model Reader unable to do the job he has just been postulated to do), *Ulysses qua Ulysses* could not stand up. At most it becomes another text." (1983a, p. 9).

Nuestra opinión es que también un texto paraliterario dejará de ser el que es al recibir una interpretación inadecuada, e.g., la interpretación de una novelita rosa como texto filosófico o didáctico; el texto paraliterario se cumplirá como tal sólo cuando se logre el despliegue de su función comunicativa dominante. Tanto la obra literaria como la paraliteraria pueden ser objeto de interpretaciones erradas o no correspondientes. El texto literario, debido a su polivalencia o multisistematicidad, posibilitará una cantidad mucho mayor de interpretaciones adecuadas. En la línea de pensamiento que hacemos nuestra, Lotman (1982) señala que cada texto contiene en sí lo que podríamos denominar *la imagen del público* y que esa imagen afecta activamente al público real. Piensa Lotman que cuando los códigos del destinador y del destinatario no coinciden, el texto del mensaje es deformado en el proceso de decodificación.

También por lo que respecta al proceso de relectura se harán sentir las diferencias entre la obra literaria y la paraliteraria; en el caso de esta última, la relectura, que la simpleza del texto paraliterario no hace necesaria, no sería una expansión de la lectura primaria o básica, si bien podría provocar el placer de la repetición. En cuanto a una relectura crítica o metalectura de la obra paraliteraria, ella permitiría un desmontar el texto, que pondría en evidencia las estrategias textuales puestas en juego; pero este trabajo —a diferencia de lo que sucede respecto de una obra literaria, en la que una mayor sutileza en la captación, ha de producir una más nítida recepción del mensaje[20]— operaría en desmedro de la función conativa dominante, la que sería debilitada o anulada. Se daría en este caso —como señala Barthes (1957) respecto del mito— un desenmascaramiento destructor del texto.

La paraliteratura estimula y dinamiza facetas psicológicamente sensibles del lector —complejos, tendencias, imágenes primordiales o arquetipos— a fin de intensificar el contacto con el destinatario y lograr así una función conativa más efectiva.[21] Las mismas facetas podrían ser estimuladas mediante la lectura de un texto literario, en el cual sería dable captar un sub-texto psicológico que ejercería su influjo sobre el lector; pero dicho influjo no se confundiría con el valor literario del texto, como sería, en cambio, posible identificar eficacia psicológica y valor paraliterario; el valor literario sólo existiría en el grado en que las estructuras psicológicas se integraran a una estructura literaria válida en sí y suscitadora de distancia contemplativa.[22]

Es comprensible que, de acuerdo a sus fines, la paraliteratura haga uso preferente no de los mitos entendidos como instancias desocultantes del ser (Eliade 1961 y 1968) sino de los mitos captados como instancias intencionalmente ocultantes, engañadoras (Barthes 1957).[23] Así como la literatura es provocadora de una ocurrencia o emerger de la verdad, de un desocultamiento ontológico (Heidegger 1958), el texto paraliterario impide toda apertura encerrándonos en la fácil excitación y satisfacción del propio yo.

En las páginas siguientes, configuraremos nuestras reflexiones sobre la relación literatura-paraliteratura, centrándonos primeramente en un procedimiento que ya hemos señalado como muy propio de la paraliteratura, el cliché, el cual tiene, sin embargo, la posibilidad de ser desautomatizado y provocar efectos literarios; compararemos el grado de creatividad con que él es empleado en dos novelas de Manuel Puig: *Pubis angelical* y *Boquitas pintadas*. Estudiaremos, luego, el caso de textos que se enmascaran paratextualmente como siendo manifestaciones de géneros paraliterarios: *Boquitas pintadas* se autodenomina en su subtítulo, folletín; *The Buenos Aires Affair*, del mismo autor, ocupa análogo procedimiento para autoseñalarse como novela policial. Son éstos casos en que el paratexto cumple una función codificante que el texto se encarga de subvertir. Examinaremos, a continuación, el caso de obras que, sin recurrir a un enunciado explícito enmascarador, hacen persistente referencia en su desarrollo o en parte de su desarrollo, a un género paraliterario, en el cual se incluyen, adquiriendo así sentido parcial o totalmente. El primer caso corresponde a "La muerte y la brújula" de Jorge Luis Borges y su relación con el género detectivesco; el segundo caso es el de *La misteriosa desaparición de la marquesita de Loria* de José Donoso; como pretenderemos mostrar, en dicha novela, el modelo paraliterario erótico es anulado por la intervención de otro género, el fantástico, el cual se define precisamente por su índole irresoluble, ambigua, rasgos contrarios a los del fenómeno paraliterario. Por último, consideraremos el caso de obras que incorporan a su estructura microtextos paraliterarios, importándonos captar el diálogo intertextual entre macrotexto y microtextos, los grados de posible contaminación entre ambos, las funciones correspondientes a los microtextos o sentidos adjudicables a su incorporación. Analizaremos a este respecto, la presencia de artículos periodísticos y microtextos publicitarios en *Libro de Manuel* de Julio Cortázar, de fábulas radioteatrales en *La tía Julia y el escribidor* de Mario Vargas Llosa y de relatos de películas sentimentales en *El beso de la mujer araña* de Manuel Puig.

En cada uno de los casos señalados, nos importará determinar cuáles son los procedimientos de desautomatización en virtud de los que los textos literarios siguen siendo tales, no obstante su relación con la paraliteratura, la que podría haber llegado a imponer sus propios rasgos. Podemos desde ya prever que modalidades distanciadoras como la parodia y la ironía, han de cumplir al respecto una función significativa.[24]

NOTAS

1.   "Car enfin les frontières entre ce qui est art et ce qui ne l'est pas, entre littérature et non-littérature, n'ont pas été fixées par les dieux une fois pour toutes. Toute spécificité est historique." (Bakhtine 1978a, p. 467).

2.   "Pour une certaine étape de la science, le critère d'artisticité de l'art contemporain

devra peut-être être formulé ainsi: 'Système, ne se soumettant pas à la modélisation mécanique'." (Lotman 1973, p. 404). La estética imperante es, en términos de Lotman, una estética de la oposición.

En una perspectiva relacionable, Eco ha señalado: "La poética contemporánea, al proponer estructuras artísticas que exigen un particular compromiso autónomo del usuario, a menudo una reconstrucción, siempre variable, del material propuesto, refleja una tendencia general de nuestra cultura hacia procesos en que, en vez de una secuencia unívoca y necesaria de acontecimientos, se establece, como un campo de probabilidad, una 'ambigüedad' de situación capaz de estimular actitudes de acción o de interpretación siempre distintas." (1984, p. 135).

3. También Even-Zohar estaría en contra de una anulación de la jerarquización: "There is a tendency among what we might call 'high-brows with a bad conscience' to ignore cultural hierarchies altogether and play up, instead, popular, commercial or naive literature as 'the true and exclusive culture,' the kind that *really* matters for a historian." (1979, p. 292).

Este planteamiento es expuesto de manera aún más explícita en una nueva versión de Even-Zohar: "Excluding the selection of objects to be studied according to taste does not mean at all that either particular 'values' or evaluation in general are excluded by any section of the sciences of man as active *factors* to be accounted for. Without a study of such evaluative norms, there is no way of understanding the behaviour of any human system." (forthcoming).

Jakobson, partiendo asimismo de las ideas del Formalismo ruso, enfatiza el persistente cambio en el sistema de los valores artísticos y los consecuentes cambios de evaluación: "En d'autres termes, des changements continuels dans le système des valeurs artistiques entraînent des changements dans l'évaluation des manifestations concrètes de l'art. Ce qui, sous l'angle de l'ancien système, était minimisé ou jugé imparfait, synonyme de dilettantisme, d'aberration, ou, simplement, d'erreur, ou ce qui était considéré comme hérétique, comme décadent, comme dépourvu de valeur, peut apparaître, et, dans la perspective d'un nouveau système, être adopté, comme valeur positive." (1973, p. 150).

4. Holquist ha señalado que mientras más uniforme se hace la cultura de masas, más violentamente el arte de vanguardia se esfuerza por mantener su idiosincracia, creándose una situación en la que el arte se caracteriza por su dificultad y el Kitsch por su facilidad. Refiriéndose a este último, afirma: "It gives not pain, but bromides, not deep questions, but easy answers." (1971, p. 137).

5. Eco afirma que sería útil estimar al arte de vanguardia y al Kitsch como vinculados en un *bricolage* recíproco. "Así el arte, dispuesto a *bricoler,* trata de superar una situación en que todo parece ya dicho; el Kitsch [...] reafirma la falsedad de una situación en que realmente todo ha sido ya dicho." (1977, p. 151, n. 38).

Refiriéndose al señalado conflicto entre las dos manifestaciones, afirma Eco:

"Hoy es la cultura de vanguardia la que, reaccionando ante una situación masiva y agobiante de la cultura de masas, toma prestados del Kitsch sus propios estilemas. No hace
otra cosa el pop-art cuando individualiza los más vulgares y pretenciosos símbolos
gráficos de la industria publicitaria y los hace objeto de una atención morbosa e irónica,
ampliando su imagen y trasladándola al cuadro de un obra de galería. Venganza de la
vanguardia sobre el Kitsch, y lección de la vanguardia al Kitsch, porque en este caso el
artista muestra al productor de Kitsch cómo puede insertarse un estilema extraño dentro
de un nuevo contexto sin cometer un pecado contra el gusto: y la marca de una bebida o
la historieta lánguida, objetivadas en una tela, adquieren una necesidad de que antes
carecían.[38]

Pero también en estos casos, por regla general, no tarda en presentarse la venganza
del Kitsch sobre la vanguardia. Porque ya está sucediendo que el procedimiento del
pop-art sea modificado por unos carteles que utilizan, para provocar efectos y ostentar
un alto nivel de gusto, los estilemas de la nueva vanguardia para producir un nuevo
Kitsch." (pp. 150 y s.).

6.   Eco se refiere a la eficacia de persuasión de cierta literatura de masas, y afirma que
ella es "parangonable únicamente con aquellas grandes reproducciones mitológicas
compartidas por toda una colectividad" (1977, p. 255).

Lévi-Strauss aludiendo a la música popular, señala la especial afinidad existente entre función fática y función conativa: "Más aún que en lingüística, en música función
fática y función conativa son inseparables." (1968, p. 38).

7.   Se refiere a esta distancia Bullough, denominándola: "Psychical Distance":
"Distance, as I said before, is obtained by separating the object and its appeal from
one's own self, by putting it out of gear with practical needs and ends. Thereby the 'contemplation' of the object becomes alone possible. But it does not mean that the relation
between the self and the object is broken to the extent of becoming 'impersonal'."
(1957, p. 96).

8.   El concepto "desinterés" aparece en la definición kantiana del juicio de gusto:
"Gusto es la facultad de juzgar un objeto o una representación mediante una satisfacción o un descontento, *sin interés alguno*. El objeto de semejante satisfacción llámase
bello." (1951, p. 233). "Todo interés estropea el juicio de gusto y le quita su imparciali-
dad" (p. 244).

9.   Pensamos que el texto artístico trascenderá cualquier intencionalidad de imposición ideológica, suscitando efectos de apertura en determinados niveles.

10.   Greenberg compara la pintura de Picasso y la de un pintor Kitsch, Repin, y señala
que los efectos logrados por Repin son también suscitados por Picasso, pero no están
inmediatamente presentes en la pintura de éste sino deben ser proyectados por el espectador: "In Repin, on the other hand, the 'reflected' effect has already been included in
the picture, ready for the spectator's unreflective enjoyment. Where Picasso paints
cause, Repin paints effect. Repin pre-digests art for the spectator and spares him effort,

provides him with a short cut to the pleasure of art that detours what is necessarily difficult in genuine art. Repin, or kitsch, is synthetic art." (1960, p. 105). Y más adelante afirma: "The same point can be made respect to kitsch literature: it provides vicarious experience for the insensitive with far greater immediacy than serious fiction can hope to do" (p. 106).

11. "Certains sémioticiens soviétiques, par exemple, dont les recherches s'inspirent de la théorie de l'information, remarquent que serait 'littéraire' le discours qui n'as pas épuisé son entropie, autrement dit, le discours dont la probabilité de sens est multiple, non close, non définie; une fois l'entropie épuisée, donc le sens fixé, le discours cesse d'être reçu comme 'littéraire', 'Plus le message est probable, moins il fournit d'information. Les lieux communs éclairent moins que les grands poèmes' (N. Wiener)." (Kristeva 1968, p. 298).

Lotman (1973, pp. 58 y s.) entiende "entropía" en un sentido más restringido, como mero sinónimo de magnitud de información, distinta del valor de la información; entre entropía y valor de la información no habría, según él, necesaria correspondencia. Pensamos, sin embargo, que lo propio del texto literario es que esta correspondencia tienda a darse.

12. Eco realiza una distinción entre "significado" e "información", relacionando a esta última con la originalidad de organización, la imprevisibilidad respecto de un sistema de probabilidades. La información se asociaría "a un cierto tipo de *no-orden-habitual-previsible*." (1984, p. 150). Luego de problematizar la relación entre información y entropía, Eco afirma: "pero si quiero conocer todos los comportamientos posibles de que será capaz toda partícula, entonces *la información que busco será directamente proporcional a la entropía*" (p. 151).

13. "What Brooke-Rose calls an over-determination in one code uncounterbalanced by nondetermination in the same code or in others is what I call excessive redundancy. The excessively redundant text is one which allows for no surprises, that 'follows the rules' of readability, of genre, of semantic or formal or discursive coherence *too* faithfully. This definition, I might add, allows us to see why most examples of 'low-brow' genres like the thriller are considered unworthy of serious attention (as individual works). They are excessively redundant, for they follow the formula of the genre without innovation. They are all too familiar, and if that very fact constitutes their charm for their fans, it is also what prevents them from acceding to the status of serious literature." (Suleiman 1983, p. 195).

14. Es interesante destacar que al referirse Barthes (1981) al "texte de jouissance", dicho crítico caracteriza al goce como una experiencia de gasto; la señalada perspectiva freudiana redundaría en el reforzamiento de la oposición barthiana: texto de placer vs. texto de goce, el primero como experiencia de ahorro de energía y el segundo como experiencia de gasto. Asimismo, Freud ha afirmado: "Novelty is always the condition of enjoyment." (1973, p. 35).

15. Ciertamente que determinadas formas paraliterarias suscitarán la actividad del lector por lo que respecta a anticipar o inferir el desarrollo de la trama; pensamos en el folletín (véase nota 5 del Cap. 2) y en el texto detectivesco. Será ésta una actividad provocadora de placer y no de goce.

16. Para Barthes mismo el texto escribible no es un objeto concreto, "on le trouvera mal en librairie" (1970, p. 11); podría asumirse la inexistencia de la total escribibilidad, Genette ha señalado a este respecto: "Le 'scriptible', ce n'est pas seulement un *déjà écrit* à la récriture duquel le lecteur participe et contribue par sa lecture. C'est aussi un inédit, un *inécrit* dont la poétique, entre autres, par la généralité de son enquête, découvre et désigne la virtualité, et qu'elle nous invite à réaliser." (1983, p. 108).

17. En la medida en que un texto sea escribible —predomina en él el juego del significante, el desborde metonímico— más dificultad él opondrá a toda "construcción" del lector. Como ha afirmado Barthes respecto del Texto, éste no puede "depender de una interpretación, incluso liberal, sino de una explosión, de una diseminación." (1974, p. 75).

18. "repetition, the re-experiencing of something identical, is clearly in itself a source of pleasure." (Freud 1973, p. 36).

En esta perspectiva, Eco ha afirmado: "el mecanismo en el que descansa el disfrute de la iteración, es típico de la infancia, y son los niños los que quieren escuchar no una nueva historia, sino la historia que conocen ya y que les ha sido contada muchas veces." (1977, p. 279).

19. Kawin señala: "I use 'constructive' in the sense of contributing to the internal power of the work." (1972, p. 33). Rimmon-Kenan afirma: "Constructive repetition emphasizes difference, destructive repetition emphasizes sameness (i.e. to repeat successfully is not to repeat)." (1980, p. 153).

20. El siguiente enunciado de Martínez Bonati resulta aclarador respecto de nuestro contacto con la obra literaria: "Es una magnificación de la lectura normal, y no una operación ajena a ella, lo que esclarece e 'interpreta' el contenido de la obra. (Esta magnificación se logra metódicamente mediante el rodeo de un análisis formal de la obra en su carácter de representación: se agudiza la percepción de la obra, al ser objetivadas las estructuras constitutivas que la hacen representación del objeto ficticio dado en la lectura normal.)". (1977, p. 213).

21. "la paralittérature, par ses thèmes, par son style et le jeu de ses formes, est très proche de l'activité de rêve. Ceci n'est pas pour nous étonner puisque la paralittérature est au plus près du fantasme, qui lui-même est au plus près de l'inconscient." (Mendel 1970, p. 452). Mendel destaca que la paraliteratura se relaciona al deseo inconsciente mágicamente realizado.

22. Un caso de especial interés desde la perspectiva de nuestro planteamiento, es el constituido por el modo de creación artística que Jung denomina "visionario", el cual —así como la paraliteratura— nos pone en contacto con experiencias primarias. Afirma

Jung: "The very enormity of the experience gives it its value and its shattering impact." (1972, p. 90). El valor aludido en la cita es el valor psicológico; pero es concebible que los textos visionarios, dada su capacidad desocultante, sean también poseedores de un alto valor estético, captable mediante la contemplación distanciada de la obra.

La resonancia suscitada por una obra visionaria es esencialmente distinta del efecto placentero provocado por la paraliteratura; Jung describe dicha resonancia así: "We are astonished, confused, bewildered, put on our guard or even repelled [...]. We are reminded of nothing in everyday life, but rather of dreams, night-time fears, and the dark, uncanny recesses of the human mind." (1972, p. 91).

23. Esta doble índole del mito resulta comprensible a partir de su captación como anulador de la historia; ello conduce tanto a la revelación de esencias como a la imposición de una ideología.

24. Entenderemos parodia de acuerdo al concepto de Hutcheon, que nos parece relevante a causa de su amplitud: "Parody is [...] repetition with critical distance, which marks difference rather than similarity." (1985, p. 6). A la parodia corresponde, según Hutcheon, un *ethos* no marcado, es decir, valorizable de maneras diversas; asumiremos como sus tres modalidades claves, un *ethos* respetuoso, un *ethos* lúdico y un *ethos* litigante. Respecto de las relaciones entre la parodia, la sátira y la ironía, véase Hutcheon (1981).

CAPITULO 1

EL CLICHE EN *PUBIS ANGELICAL* Y *BOQUITAS PINTADAS*: DESGASTE Y CREATIVIDAD

El cliché y su peculiar utilización en un contexto puede, como se infiere de lo antes enunciado, constituir una clave significativa para la distinción entre el fenómeno literario y el paraliterario. Siguiendo dicho criterio, nos proponemos captar cómo el funcionamiento del cliché otorga un distinto cumplimiento estético a *Pubis Angelical* (Puig 1979) y *Boquitas Pintadas* (Puig 1973a).[1]

Entenderemos el término "cliché" en un sentido lato, incluyendo en él: clichés verbales o hechos de estilo estereotipado, clichés temáticos y clichés narrativos.[2] El valor del cliché no puede —como veremos— ser determinado apriorísticamente sino depende de su función en un contexto determinado. El análisis nos permitirá discernir contextos en los que la estética de la plenitud, característica del cliché, no es provocadora de un efecto de vaciedad.

El título "Pubis angelical" suscita en el lector un efecto de ruptura, mediante la unión de dos zonas semánticas opuestas: sexualidad vs. asexualidad, pureza; pero dinamiza ya, en la creación del contraste, ciertas asociaciones convencionales, estereotipadas, que ligan sexo a impureza y lascivia.

"Pubis angelical" es —según se capta en la relectura— el adecuado objeto del deseo femenino, la condición de la liberación de la mujer, siendo "pubis" en este contexto, una sinécdoque metafórica suscitada por el cliché femenino que en definitiva el texto ofrece. Como nuestro análisis mostrará, la mujer diseñada en la novela requiere de la anulación de su sexo, es decir, de su autoanulación para salvarse de la opresión masculina, cuya causa el texto explícitamente señala:

y te crees muy lista, muy evolucionada ¡ja! pero si eres
igual que todas, si te tocan el punto flaco estás liquidada,
ese punto débil, podrido, que tienes en medio de las piernas. (p. 162).

¡porque no sería la sirvienta del primer sinvergüenza que le
oliera ese punto débil entre las piernas, la sirvienta del primer perro que supiese olerle la insensatez! (p. 267).

El mismo valor de anulación corresponde a un leitmotif que tiene
categoría de cliché, el cual configura la substitución del corazón femenino por un complicado mecanismo de relojería; ello es además indicio del imperio de la artificialidad en el mundo presentado. Nuevamente se advierte que será mediante su mutilación y no mediante su
desarrollo personal, que la mujer podrá superar su condición.

El cliché temático que se impone a la conciencia del lector durante
la mayor parte de la novela, es relativo a un determinado texto cultural, a un discurso social e ideológico y de él emergen el título y el desarrollo diegético. Dicho cliché corresponde a una imagen de mundo
clara y antitética: los hombres son por naturaleza victimarios, domi-
nadores, opresores y las mujeres son víctimas, dominadas, oprimidas.
La actitud subyacente es el autodesprecio de la mujer, como se advierte en Ana y en la madre de la artista ("Sí, la desprecio tanto como me
desprecio a mí, sirvienta de un hombre y de todos los hombres..." (p.
213)); este último personaje literaliza a través de su rol, la condición
servil de la mujer.

El texto se inicia sumiéndonos en el ámbito de la estereotipia, mediante la presentación de una metadiégesis (metadiégesis 1), configu-
radora de una atmósfera máximamente artificiosa y convencional;
esta metadiégesis alternará con la diégesis hasta el capítulo VII; en ella
los clichés verbales proliferan creando una estética de la plenitud,
lograda principalmente gracias al empleo de hipérboles y de operado-
res de universalidad: "la mujer más hermosa del mundo" (p. 9); "el
rostro perfecto" (ibid.); "la bella" (p. 12); "era hermosa como un
ángel" (pp. 44 y 113); "la pareja perfecta causaba un curioso efecto
entre la concurrencia, nadie la podía mirar más que un instante, su es-
plendor hería las retinas." (p. 46); el Profesor, padre de la protagonista, es "bello como nadie" (p. 48); el esposo de la protagonista es "el
supremo armamentista mundial" (p. 61); "puedo hacer de ella la mujer más admirada del mundo" (p. 78); "el fabricante de sueños más

importante del siglo" (p. 82); "el rostro perfecto, orgullo de la cinematografía mundial" (p. 109); "las internacionalmente aclamadas pestañas" (p. 129).

La presencia de clichés verbales en la metadiégesis está en consonancia con una confrontación que ella realiza entre lo natural y lo artificial, adjudicando la superior valoración a este último: lo natural al excederse en perfección parece ser artificial ("Las pestañas naturales, que parecían postizas por lo largas y arqueadas" (p. 9)); la substitución de lo natural por lo artificial opera, según ya hemos señalado, como una defensa (reemplazo del corazón por un mecanismo de relojería; substitución onírica de una mujer enferma por una muñeca mecánica); lo artificial es el punto de partida para la captación de lo natural ("Si el maquillaje estaba intacto era porque el rostro había sido respetado" (p. 10)). Asimismo el personaje protagónico de la metadiégesis 1 es una ex-estrella, que volverá al cine, ámbito éste, encarnación de la artificialidad.

El súbito tránsito a la diégesis, ya en el capítulo I, no significa un cambio por lo que a artificialidad se refiere; la protagonista, Ana, elaboradora, según nuestra interpretación, de las dos metadiégesis,[3] está dominada por clichés que configuran sus obsesiones respecto del sexo contrario: "¿será posible que yo no haya conocido más que fantoches en mi vida?" (p. 19); "el hombre que una necesita... es otra cosa" (ibid.); "¿Acaso no se puede fantasear un poco... con un hombre superior?" (p. 19); "lo único que me da ganas de seguir viviendo... es pensar que algún día voy a encontrar a un hombre que valga la pena" (p. 21); "¿Tendré en mi vida un hombre de veras alguna vez? (p. 29); "estoy esperando al príncipe azul. Como las chicas de quince" (p. 191).

Ana es, por otra parte, la portadora del cliché temático ya señalado: la clara antítesis entre sexos; la suya es una visión degradada y trivializante de la mujer, planteada como natural e inmodificable:

Ay, qué tedio, ser tan sensible, o tan sensiblera. Por qué no ser de piedra, como los hombres. Pero es inútil querer imi-. tarlos. Nos tenemos que conformar con envidiarlos. (p. 24).

Un bibelot, un potiche [...]. Antes cómo me impresionaban. Ahora por el hecho de ser objetos, como las pobres mujeres, ya me hartan. ¿O me dan lástima? Pero somos así, inútil tratar de cambiarnos. Pero también hay que ver que es lindo estar siempre cuidándonos, y poniéndonos monas, porque es tan divertido ver que alguien se alborota por una. (p. 26).

Claro que en un hogar conviene que el hombre lleve la batuta, porque es más estable, más racional que la mujer. (p. 29).

porque el hombre aunque no amenace puede pegar, y es mucho más fuerte. Y una mujer no tiene más remedio que sentirle miedo porque frente a frente no tiene ninguna chance de ganar, (p. 90).

Y papá, eso no lo podés comprender, pero una mujer que no pierde la cabeza por un modelo de alta costura, no es una mujer. (p. 97).

Son las mujeres las que se pasan viendo telenovelas y películas de amor, no los hombres [...]. Qué asco el mundo de los hombres [...]. Qué asco los hombres. Y yo que digo que mi vida depende de encontrar un hombre, el adecuado. (pp. 192 y s.).

Una visión estrictamente correspondiente a ésta emanará de la metadiégesis 1:

Armazón de hierro, fuerza de macho. Cobertura de cristal, ¿sometimiento de hembra? (p. 64).

"El hombre de tus sueños no puede ser un mequetrefe que siga a su mujer a donde ésta diga. Si a una mujer no la domina un hombre la dominan sus caprichos ¿no prefieres que te domine yo?" (p. 78).

También en la diégesis, como en la metadiégesis 1, irrumpe el elemento cinematográfico, al ser Ana comparada con Hedy Lamarr (p. 33). Ello es, además, un punto de partida para establecer una relación entre ambos niveles del relato, por cuanto la historia señalada de la actriz ("estando casada con uno de los hombres más ricos del mundo, prefirió escaparse de la casa para hacer su carrera de cine." (p. 34)) corresponde a la inversión de la historia de la protagonista de la meta-diégesis 1.

Por lo que respecta a la metadiégesis 2, cuya protagonista es W218,[4] su discurso y los ya señalados son absolutamente homogéneos; abundan en la metadiégesis 2, clichés verbales, suscitadores de una estética de la plenitud; se desarrolla en ella, como en la diégesis, el motivo de la búsqueda del hombre ideal —obsesión común de Ana y de W218— y como en la metadiégesis 1, el motivo de la belleza perfecta:

> no podría menos que, en circunstancias normales, encontrar a un hombre de quilates. Un hombre de verdad. Un hombre que justificase todos los sacrificios realizados [...]. Un hombre superior a todos los que había conocido hasta entonces. (p. 158).

> así era el hombre que su corazón ansiaba. (p. 179).

> el hombre de sus sueños (pp. 180, 189).

> tan desmesuradamente bella (p. 185).

> [ojos] Negros como la noche, como el frío, como la soledad, como las lágrimas que un dolor excesivo congela adentro del pecho y no deja escapar. Lágrimas negras, encerradas, prisioneras. (pp. 209 y s.).[5]

> le bastaba con mirarle la perfección de las facciones para sentirse junto a un ser de otra índole, superior. (p. 203).

> Era un rostro tan bello que no parecía humano. (p. 211).

> A pesar de todo, sigo recordándote como parte de la mejor época de mi vida, cuando trabajaba y esperaba al hombre ideal. (p. 255).

> Este momento en que estoy viviendo, junto a la criatura más bella del mundo, (p. 259).

que le permitas encontrar al compañero que merece, un hombre de los mismos quilates que ella. Porque toda mujer necesita de un compañero [...]. El debería ser... un hombre ideal, así como ella es una mujer ideal. (p. 259).

La clara antítesis entre los sexos es también presentada en la metadiégesis 2: "'Es increíble pero cierto. Yo hombre, tú mujer, o sea dos concepciones diferentes de la vida, yo pensamiento y acción, tú sensibilidad y... y más sensibilidad, [...]' '' (p. 200). Aún más, llega aquí a su culminación el planteamiento del cliché temático en la escena recordada por LKJS, correspondiente al juramento de los hombres contra las mujeres: "'Niños de hoy, hombres del mañana, machos del mundo, uníos. [...] aplastaréis con el desprecio a la enemiga natural, la hembra. Como toda criatura inferior, es resentida y taimada, pero las armas de ella serán vanas si el brazo que las empuña tiembla de inseguridad y miedo. Para ello es preciso actuar con la solidaridad total del mundo macho. [...]' '' (pp. 239 y s.). El inicio de este juramento parodia el final del *Manifiesto Comunista*: "¡PROLETARIOS DE TODOS LOS PAISES, UNIOS!"

Las observaciones realizadas nos permiten concluir que la homogeneidad en el empleo del cliché verbal se revela hasta ahora como rasgo distintivo en la configuración de PA; no obstante la distinción entre diégesis y metadiégesis, el texto no logra constituir un nivel superior desde el cual los clichés pudieran haber sido remodelados y hubieran adquirido así una función creativa; un intento de ello —si bien malogrado— lo advertimos en el empleo de la ironía (Ana dice a Pozzi: "—Será posible que no te entre en la cabeza, que no todo tiene que girar alrededor de un hombre..." (p. 148); Ana repudia el que su exmarido fuera un hombre convencional (p. 27); rechaza la falta de naturalidad de éste, su superficialidad (pp. 27 y 34)); pero dicha ironía sólo alcanza para mostrarnos el grado de inconsciencia del personaje protagónico de la diégesis y no para crear una nueva perspectiva desde la cual los clichés podrían haber asumido una significación distinta. La reiteración de los mismos clichés en la diégesis y en las metadiégesis contribuye a la intensificación del efecto estereotípico. La novela por lo que se refiere a la estereotipia verbal, no rompe el cliché ni lo exhibe o representa, sino es ella misma cliché.

Veremos en qué grado el análisis de clichés narrativos de la diégesis y las dos metadiégesis confirma o no lo señalado.

La consideración de los tres niveles diegéticos discernidos nos ha llevado a distinguir las siguientes situaciones narrativas básicas, cuyas relaciones con el cliché examinaremos:

1) Imposición masculina de una relación de dominio enmascarada como protección, lo cual corresponde a una estricta actualización del cliché temático. Los cuatro hombres conectados con Ana obedecen a ese modelo de conducta: su padre, respecto de quien Ana piensa: "¿Cómo le podía gustar que su mujer le dijera a todo que sí, tuviera o no razón? Para eso mejor tener un perrito, o una gata de angora, mansa y falsa hasta la médula." (pp. 26 y s.); Fito, su ex-marido, convenció a Ana "de que convenía que él mandase" (p. 29); Alejandro la seduce con su riqueza; para atraparla, urde situaciones adversas a Ana y asume la imagen del salvador ("Alejandro me decía que si yo me hubiese casado ya con él para fin de año, todo ese disgusto de mamá se habría evitado. Era un chantaje, no había duda." (pp. 104 y s.)); Pozzi pretende obligar a Ana a prestarle ayuda en la consecución de sus designios políticos; aun cuando Pozzi es captable como un personaje sincero, la presencia de la máscara protectora es advertible también en este caso: "—Sería un modo de hacer bien, mientras pudieses." (p. 220).

Cabe destacar que no obstante sus temores y su debilidad —contradiciendo al cliché temático— Ana fue capaz de separarse de Fito, huyó de Alejandro y no acató el pedido de Pozzi; de este modo el personaje femenino rompe con su rol de víctima. La posibilidad de burlar al enemigo masculino es proyectada por Ana en sus heroínas femeninas: la ex-actriz huye de la isla; cuando se entera de la traición de su amante y presunto salvador, Theo, le da muerte, arrojándolo al mar; escapa, a causa de sospechas erróneas, de "un joven y laureado argumentista estadounidense" (p. 127) que verdaderamente la ama (único caso en las ficciones de Ana, de un personaje masculino que no traiciona). W218 descubre la impostura de LKJS y lo agrede físicamente.

2) La clausura como manifestación de la degradación femenina: el origen de esta situación, así proyectada en ambas metadiégesis, residiría en el necesario encierro de Ana —enferma— en un hospital. El esposo de la ex-artista pretende intensificar la clausura ya señalada en la isla, encerrando a su esposa —a quien cree falsamente una espía del Tercer Reich— en una cámara "transparente como el celofán pero rígida como el acero" (p. 62) prefiguradora de la cámara cinematográfica, que metaforiza la acción clausurante que se ejerce sobre ella en Hollywood. Esta situación de encerramiento llega a su culminación en

la metadiégesis 2, cuando W218 es condenada a permanecer en los Hielos Eternos, a causa de su delito.

3) Triunfo femenino: adquisición de un saber. La experiencia existencial vivida por Ana en el hospital y su actividad fabuladora —en virtud del distanciamiento posibilitado por el proyectarse en otros— han permitido al personaje una clarificación cognoscitiva, que lo conducirá a anular su dependencia del sexo masculino (exaltación del pubis angelical) y a reivindicar a la mujer, a quien antes despreciaba; de ahí que su futuro destinatario no será ya su padre sino, según el texto lo plantea como posibilidad, su madre y su hija. Irónicamente —ironía ésta que sí cumple su efecto en el texto— Pozzi, el personaje masculino que, en función de sus fines, señaló a Ana la inevitabilidad de la muerte de ésta, es asesinado, mientras que Ana vive.

Otra modalidad del triunfo femenino se plantea en la metadiégesis 2, en virtud de la transformación de rasgos propiamente masculinos de LKJS, quien llega a llorar (''¿un hombre llorando?'' (p. 253)) y no quiere estar ''por encima de nadie'' (p. 254).

Según lo expuesto, podríamos colegir que el desarrollo diegético entra en pugna con el cliché temático y con los clichés verbales; las situaciones narrativas desmedradas 1) y 2) son superadas por el personaje femenino que protagoniza la diégesis, quien logra respectivamente imponerse y liberarse; el saber adquirido permitirá posiblemente a dicho personaje una ubicación diferente en la existencia. Es importante señalar al respecto la modificación que la diégesis supone en relación a las dos metadiégesis, cuyas protagonistas no cuentan con posibilidades futuras: la actriz muere arrollada por un automóvil; W218 contrae una enfermedad mortal.[6]

Sin embargo, no obstante la ruptura del cliché temático, el texto no resulta desocultante[7] y diríamos que sólo presenciamos la desentronización de ciertos clichés y el entronizamiento de otros, pasando a ser ahora el cliché temático imperante aquél que está condensado en el título de la novela; la asexualidad queda así estatuida como condición de la dignidad de la mujer. La expresión aforística de ese enunciado nos pondría en contacto con el universal que informa al texto: ''una mujer que ha anulado su sexo es una mujer liberada''.[8] En la relectura advertimos que dicho universal es ostensible desde los inicios mismos de la novela.[9]

Boquitas pintadas es la configuración —en diferentes niveles— del deseo, la búsqueda, la apetencia del cliché, un cliché concebido, desde la perspectiva del texto, como esencialmente *eufórico*, otorgador de esa plenitud que en la cotidianidad plasmada aparece sólo a modo de ausencia. La estrategia de la novela arremeterá regularmente contra estos esbozos estereotipados e implacablemente los anulará, suscitando un fuerte efecto de desautomatización. El universal del texto es un anti-cliché: el predominio de la temporalidad que anula a los sentimientos exaltados; la inserción obligada en la cotidianidad, la que pierde inclusive su connotación disfórica.

A diferencia de lo que observáramos en PA, el título de esta novela nos sitúa ya desenmascaradamente en el ámbito del cliché, metaforizando metonímicamente lo femenino, como puramente decorativo, artificioso, intrascendente; dicho efecto será intensificado al enfrentarnos al contexto mayor creado por el título de la Primera Parte: "Boquitas pintadas de rojo carmesí" (p. 7) y al epígrafe de la Tercera Entrega: "'Deliciosas criaturas perfumadas / quiero el beso de sus boquitas pintadas...'" (p. 35). Pero el efecto acumulativo así conseguido es contrarrestado y anulado por el título de la Segunda Parte: "Boquitas azules, violáceas, negras", que rompe con la imagen intrascendente y trae a presencia connotaciones mortuorias que el desarrollo diegético reforzará.[10]

El subtítulo "Folletín", por medio del cual el texto aparenta declarar su cualidad genérica, así como la correspondiente estructuración de la novela en "entregas", crea en el lector expectativas tendientes a la recepción del cliché, que el trabajo textual sistemáticamente se encargará de anular.

En su afán por instaurar el cliché verbal, la novela inserta discursos —que en oportunidades adquieren categoría de textos— proveedores de estereotipos; dichos discursos traban relaciones de equivalencia con el desarrollo diegético, las que suscitan muchas veces la ruptura del cliché.

a) Citaciones de tangos que sirven de epígrafes a las entregas:

1) "Era... para mí la vida entera..." (p. 9).
2) "Charlemos la tarde es triste..." (p. 23).
3) "dan envidia las estrellas, yo no sé vivir sin ellas..." (p. 66).
4) "... una lágrima asomada yo no pude contener..." (p. 85).
5) "... Si fui flojo, si fui ciego
   sólo quiero que comprendas
      el valor que representa
         el coraje de querer." (127).
6) "... fue el centinela de mi promesa de amor..." (p. 171).

7) "... las horas que pasan ya no vuelven más" (p. 184).

8) "azul como una ojera de mujer, como un girón azul, azul de atardecer" (p. 217).

9)   "Sentir,
      que es un soplo la vida
    que veinte años no es nada,
        que febril la mirada
        errante en la sombra
    te busca y te nombra." (p. 235).

Si observamos la muestra seleccionada, advertimos que cuatro epígrafes desarrollan el motivo amoroso (1, 5, 6 y 9). La visión que surge —el objeto del amor cubriendo la totalidad de la existencia del sujeto amante; la valentía de querer no obstante los obstáculos que se interpongan; la perdurabilidad del amor— es desmitificada por el desarrollo diegético total: en la misma época en que Juan Carlos ama a Mabel, le es infiel; el amor de Mabel por Juan Carlos no resiste a su temor por la enfermedad de éste; la pasión de Nené no sobrevive al paso del tiempo, como es magistralmente señalado en el desenlace de la novela (modificando su deseo anterior, consistente en que "entre la mortaja y su pecho" (p. 236) se depositaran las cartas de amor, Nené solicita antes de morir que en el ataúd le colocaran "un mechón de pelo de su única nieta, el pequeño reloj pulsera infantil que su segundo hijo había recibido como regalo de ella al tomar la primera comunión, y el anillo de compromiso de su esposo." (p. 236)).[11]

La relación antitética captable entre los dos epígrafes escogidos que conciernen al tema del tiempo, nos permite inscribir a 9 en la zona de la ilusoriedad, mientras que 7 corresponde a la "realidad" ilustrada por la entrega a que el epígrafe precede —reencuentro de Nené y Mabel— y por el desarrollo total del texto; nos encontraríamos en este último caso, frente a un tipo especial de cliché *desocultante*.[12]

El epígrafe 2, que invita a un acto comunicativo, es irónicamente anulado por la entrega a la que precede; en ella la comunicación se perturba al ser el destinador engañado respecto a la identidad de su destinatario; hacia el final hay una conminación que apunta a la posible clausura del aparente acto comunicativo: "Si no me contesta, esta es la última carta que le escribo." (p. 33).

El epígrafe 8 podría corresponder a una representación metafórico-metonímica de Nené, actor cuyos ojos claros han sido destacados;[13] la visión aérea, celestial, que se otorgaría del personaje estaría en correspondencia con fantasías de Nené, que la entrega ilustra, en las que ella se ve unida a Juan Carlos; el final de la entrega corresponde al descenso implacable de Nené, del cielo a la tierra.

El epígrafe 4, al ser conectado con el desarrollo diegético de la entrega a que precede, pasaría a sugerir una artificiosa contención, ironizable en relación al verdadero desborde de dolor que debería producir la muerte augurada de Juan Carlos (presagio de la gitana y anuncio anónimo de Mabel respecto a la gravedad de su amante).

Desde el punto de vista patemático, cabe advertir que no obstante los patemas disfóricos captables en los epígrafes señalados, hay en éstos un temple general de exaltación, de apasionamiento, de apartamiento de lo cotidiano, que los torna eufóricos desde la perspectiva de personajes claves como son Nené y Mabel.

b) Citaciones de tangos y de boleros que emergen en el discurso interior de personajes en momentos de exaltación de éstos y son anulados por el contexto en que se insertan: la Raba va al encuentro de Pancho e internamente canta: '"... la culpa fue de aquel maldito tango, que mi galán enseñóme a bailar, y que después hundiéndome en el fango, me dio a entender que me iba a abandonar...' " (p. 162); el discurso contiguo, también correspondiente a la corriente de conciencia del personaje, remite a la más pura cotidianidad: "las mangas deshilachadas y la solapa, si me pongo el tapado no se ve que el vestido es nuevo" (ibid.). Nené, luego de su visita a la viuda Di Carlo, configura en sus fantasías un encuentro con Juan Carlos en el más allá; emergen en su discurso interior fragmentos deformados de boleros contrastantes, por ejemplo, con señales de tránsito: "y en nombre de este amor y por el bien de él propongo un trueque a Dios, 'GUIE DESPACIO CURVA A 70 METROS' " (p. 231).

c) Audición radial "Tango versus bolero": "volverá si las circunstancias se lo permiten, como el barco pesquero vuelve a su rada si las tormentas del Mar Caribe no lo aniquilan." (p. 15). En la diégesis las circunstancias obstaculizantes priman sobre las posibilidades de reencuentro.

d) Recorte de la revista "Nuestra vecindad", concerniente a la celebración del Día de la Primavera: '"la fuerza del amor que supera todos los obstáculos'" (p. 21); "¡cuántos, cuántos solemos andar por este histriónico mundo llegando diariamente al final de la etapa sin lograr saber qué papel hemos estado desempeñando en el escenario de la vida!" (ibid.). Ya hemos señalado que el desarrollo diegético muestra la debilidad del amor. El segundo cliché escogido cumpliría una función desocultante.

e) Sección "Correo del corazón" de la revista "Mundo femenino": "reproches que cual gota de agua van horadando la piedra" (p 42) (discurso de Mabel); "puedes esperar la llegada de un príncipe azul al paladar de todos." (p. 43) (respuesta de la consejera de la revista). La ausencia de dicho príncipe azul, la total frustración sentimental, serán rasgos de la vida de Mabel.

f) Artículo sobre el lenguaje del perfume en la revista "París elegante": "La especialista francesa recomendaba por la mañana frescas lavandas que habrían de avivar el interés del hombre por la mujer; para la tarde temprano —en recorridas por museos y algún alto para el té— fragancias más dulces, creadoras del sortilegio que se habría de acrecentar a la hora del cocktail —seguido de cena a la luz de candelabros en un club nocturno—" (p. 71). Descripciones de la vida de la Raba como criada y de Nené en casa de sus padres, serían versiones "reales" contrastantes y desmitificadoras de este texto.

g) La radionovela: "Así como en los campos de Francia se libraba una batalla, también en el corazón de Marie pugnaban dos fuerzas contrarias" (p. 192); "Y ante los ojos de Marie estaba, sin vendas, la decisión del Destino" (p. 192); "Ante sus ojos estaba, sin vendas, escrito su destino." (p. 193). Estas frases exaltadas tienen su réplica desmitificada en el discurso cotidiano de Mabel: "—Mirá, Nené, yo creo que todo está escrito, soy fatalista, te podés romper la cabeza pensando y planeando cosas y después todo te sale al revés." (p. 195).

h) Placas mortuorias dedicadas a Juan Carlos: "Tu recuerdo es un rosario cuyas cuentas comienzan y terminan en el infinito." (p. 210); "Esta vida es un sueño, el verdadero despertar es la muerte que a todos iguala." (ibid.); "Tu recuerdo inolvidable tiene en mi corazón un templo que recibirá perennemente el incienso de mis lágrimas" (ibid.); " '¡Silencio! mi hijito duerme Mamá.' " (p. 211). El contraste con la reiterada descripción realista de los restos de Pancho en la fosa común del cementerio (pp. 208 y 238), contribuye a destacar el carácter estereotípico de estas frases.

i) Alternancia y asociación de clichés escatológicos y clichés publicitarios, los que al entrar en violento contacto ponen de manifiesto, denunciándose recíprocamente, su respectiva inconsistencia, lográndose un efecto fuertemente caricaturesco. "¿y al corazón quién lo guía? porque sin que nada nos lo haga presentir se oirá un clarín a lo lejos, y cuando aparezcan los ángeles buenos en el cielo azul, de oro

los cabellos y los vestiditos todos de organdí '¿LO MEJOR DE COR-
DOBA? AGUA MINERAL LA SERRANITA' " (p. 230); "A lo lejos
un clarín se oye ¿anuncia que quien mucho ha amado por su ser más
querido no habrá de temer? tinieblas sin fin del espacio, y los ángeles
ya junto a mí no están... 'GRAPPA MARZOTTO, LA PREFERIDA
EN LA ARGENTINA' ¿y yo de quién soy la preferida? ¿lo seré en la
muerte si no lo fui en la vida?" (p. 231). Recursos estilísticos como el
hipérbaton y la rima enfatizan la artificiosidad del momento.

Situándonos en el nivel correspondiente a los clichés narrativos,
observamos que el actor que mejor encarna la perspectiva estereotípica es Nené, cuyas manifestaciones son, hasta cierto momento, un persistente intento por subvertir el universal del texto; éste resulta definitivamente impuesto a raíz de la ya señalada inversión del personaje,
mostrada hacia el final de la novela. Ya antes, el abandono de Juan
Carlos (objeto del deseo, del amor) por parte de Mabel y Nené, en
quienes prima un factor tan cotidiano como es el temor a la enfermedad, es una corroboración del universal del texto.

Un momento estereotípico privilegiado en la condensación del
anti-universal es el siguiente, correspondiente al discurso interior de
Nené: "Juan Carlos, si puedes tú con Dios hablar, que olvidarte no
pude te responderá,... la vida, con sus platos sucios y pañales y los
besos de otro que debí esquivar ¿pretendió la vida de ese modo tu
amor borrar? ja, ja..." (p. 231).

Nené es transparente en la plasmación de sus valores; en la cúspide de su estimativa está el amor: "—Mabel, no me digas que hay algo
más hermoso que estar enamorada." (p. 191); "sí, el pasado había
sido mejor porque entonces ambas creían en el amor." (p. 186). El
efecto exasperante que en ella ejerce la cotidianidad y su necesidad de
ruptura mediante el cliché, se advierten en la siguiente declaración del
personaje: "No aguanto más esta vida, todos los días lo mismo." (p.
29); Nené no tiene, por cierto, la capacidad de captar que la
estereotipia es otra forma de reiteración enclaustrante.

En Nené funciona una tendencia compensatoria que la impulsa a
seleccionar aquello que la vida no otorga; de ahí su rechazo a los "dra-
mas fuertes", pues "para eso basta con la vida" (p. 142); su necesidad
de exaltación se prueba en su reacción respecto a otra obra de teatro
que sí satisface sus urgencias: "si me la pierdo me muero" (p. 142).

La visión de mundo de Nené es dicotómica, simplista, ajena a la
percepción de matices: "—¿Pero qué clase de chica era ella? ¿era seria
o era de hacer programas?" (p. 189); "Entonces que se embrome. Si

se entregó." (p. 190); "—Qué porquería son los hombres, Mabel...
[...] —Los hombres que pegan, quiero decir." (p. 196).

Nené protagoniza escenas, las que funcionan como micro-relatos
que reflejan especularmente la estrategia ya señalada de la novela: expansión del cliché y su anulación mediante la imposición de lo cotidiano:

> Toma el recorte y lo besa varias veces. Vuelve a plegar car-
> ta y recorte, los pone en el sobre, al que cierra y aprieta
> contra el pecho [...]. Enciende el calefón a gas para lavar
> los platos con agua caliente. (p. 22).

> [En las fantasías de Nené] Juan Carlos acude a la cita y lle-
> ga al refugio, la encuentra con pantalones negros y pulóver
> negro de cuello alto, cabellera suelta rubia platinada, se
> abrazan, Nélida finalmente se entrega a su verdadero
> amor. Nélida pensó en la posibilidad de no secar el piso de
> baño. Después de vestirse lo secó. (p. 55).

Las actitudes de Juan Carlos lo configuran como un personaje
cliché, en este sentido, perfecto complemento de Nené; la relación de
ambos obedece a formas rituales desgastadas:

> [Nené] dijo que ella le contaba todo lo que hacía y no veía
> razón por la cual él no podría hacer lo mismo. Juan Carlos
> repuso que los hombres necesitan callar ciertas cosas. (p.
> 56).

> Juan Carlos como de costumbre pidió a Nélida que le con-
> cediera sus favores. Ella se negó como de costumbre. (p.
> 64).

> pensó en las maniobras que infaliblemente la seducirían
> como habían seducido a muchas otras. (p. 64).

> A las 23:20 consideró necesario acariciarle los senos pasan-
> do su mano por debajo de la blusa y corpiño, porque debía
> mantenerla interesada en él. (pp. 64 y s.).

> Juan Carlos dijo que Nené era igual a todas, si la trataban

bien se envalentonaba, si la trataban mal marchaba derecha. Lo importante era que Mabel sintiera celos y no se ol-
vidara del favor que debía hacerle. (p. 76).

[Pregunta Nené:] "[...] ¿y después me vas a seguir queriendo? [...], pero acordate que es porque vos me lo pediste"
[...], "no querido, si yo te lo pido vas a decir que soy una
cualquiera, eso nunca [...] ¿por qué los hombres son así?
¿no te conformás con tenerme abrazada?" (p. 123).

Concluyendo y sintetizando las observaciones hasta aquí realizadas respecto de ambas novelas de Puig, podemos señalar que, paradójicamente, PA emerge a través de su título como una obra posiblemente desautomatizante mientras que BP se enmascara desde su paratexto (título, primer subtítulo) como obra cliché.

PA se ofrece como un texto extremadamente redundante a causa de la homogeneidad captable en la confrontación de la diégesis y las metadiégesis por lo que respecta al dominio de la artificialidad, al imperio del cliché, provocador de una estética de la plenitud. El texto alcanza un grado de desautomatización en virtud del desajuste del desarrollo diegético respecto de un cliché temático provisional y de los clichés verbales, así como debido a la substitución, en el proceso de lectura, de un cliché temático por otro, previsto desde el título mismo. El lector no logra, en todo caso, traspasar el ámbito de la estereotipia.

La función compensatoria atribuida al cliché en BP, respecto de un plano cotidiano antitético, configura una perspectiva distanciadora desde la cual el texto no es ya él mismo cliché, asumiendo sus estereotipos la categoría de clichés "representados", empleados como procedimientos miméticos,[14] suscitadores, a menudo, de un intenso efecto caricaturesco. A través del cliché el texto configura un conflicto, provocador de tensión, entre deseo y realidad.

La desautomatización se logra en BP en virtud de la casi sistemática anulación del cliché propuesto y deseado; ello se realiza mediante el contraste de un momento diegético o metadiegético con el desarrollo diegético total o mediante una relación de inversión entre epígrafe y entrega o entre discurso interno de un actor y el contexto en el cual él se encuentra inserto. El universal del texto se mantiene constante a través de la novela, siendo confirmado por el trabajo textual, tanto en el texto total como en micro-relatos que lo reflejan. Por ser este universal un anti-estereotipo, los clichés que lo muestran cumplen una función desocultante.

Diríamos que frente al persistente *ser cliché* de PA, se advierte la intencional *exhibición del cliché* como objeto frustrado del deseo en BP.

NOTAS

1. En adelante nos referiremos a estos textos respectivamente con las abreviaturas PA y BP y al citarlos, señalaremos el número de la página junto al momento citado.

2. El cliché verbal corresponde propiamente al concepto de cliché que sustenta Riffaterre: "Or on considère comme cliché un groupe de mots qui suscitent des jugements comme: *déjà vu, banal, rebattu, fausse élégance, usé, fossilisé*, etc. Nous pouvons inférer de ces réactions l'existence d'une unité linguistique (analogue à un mot composé), puisque le groupe est substituable en bloc à des unités lexicales ou syntaxiques, et puisque ses composantes, prises séparément ne sont plus senties comme des clichés." (1971, p. 162). A juicio de Riffaterre, la estereotipia no basta para constituir el cliché, siendo además necesario que la secuencia verbal fijada por el uso, presente un hecho de estilo.

Emplea los conceptos "clichés temáticos" y "clichés narrativos", Jenny: "Lorsque les thèmes-fonctions s'organisent en séquences figées (ou suites de séquences) identifiables globalement, on a alors affaire à des "clichés narratifs" dont l'importance varie avec le nombre de séquences enchaînées les unes aux autres." (1972, p. 501).

Partiendo de Rifaterre, Todorov (1973a, p. 45) distingue: clichés estilísticos, temáticos y narrativos.

3. Morello-Frosch (1981) se refiere a este respecto a las proyecciones oníricas de Ana. Lewis (1983) discierne tres historias que existen aparentemente por separado y piensa que el lector pone en contacto a las tres mujeres al descubrir relaciones entre ellas. Se refiere también a tres historias paralelas, Yudice (1981). A nuestro juicio, las metadiégesis corresponderían a productos de la capacidad fabuladora de Ana, de su tendencia al fantaseo ("-Claro, vos tenés todo en la vida. Un marido bueno, hijos regios, un trabajo que te gusta, ¿qué necesidad tenés de fantasear?" (p. 21) "—¿No se puede fantasear un poco, acaso?" (p. 172)). Nos parece que los puntos de contacto hasta en detalles *aparentemente* mínimos entre diégesis y metadiégesis (e.g. el mentón engrasado de W218 (p. 188), que tiene su correlato en "la boca grasienta" de Pozzi (p. 89)) exigen entender las metadiégesis como una proyección de Ana; a la luz de esta captación, los relatos segundos resultan verosimilizados o naturalizados, ofreciéndose a una fácil comprensión del lector. Asume esta perspectiva el mismo Puig, quien señala refiriéndose a Ana:

"Por otro lado, como una historia paralela que cuento, está lo que yo supongo que son sus fantasías más secretas, fantasías que ni siquiera ella se atreve a enfrentar, a asumir." (Corbatta 1983, pp. 617 y s.).

4. Para mayor claridad, preferimos distinguir entre metadiégesis 1 y 2, si bien hay una continuidad entre ambas y las protagonistas de ellas son respectivamente madre e hija.

5. Se ha referido al caso en que "como" cumple la función de "operador de universalidad", Herschberg-Pierrot:

> Pour reprendre l'analyse de J.-C. Milner, "comme", dans ce type de comparaison, introduit un terme de référence "considéré comme un modèle qui réalise de manière exemplaire la qualité désignée, et tel qu'on ne peut pas sans contradiction le concevoir sans cette propriété".
>
> C'est dire que la comparaison ainsi introduite repose sur une double présupposition: elle présuppose que le comparant possède la propriété de référence à un degré superlatif, et que sa qualité de modèle exemplaire est admise de façon générale. (1980, p. 341).

6. En la misma línea de captación en el plano narrativo, Morello-Frosch (1981) ha señalado inversiones advertibles en la que hemos denominado metadiégesis 1, respecto de mitos populares:

—El descubrimiento de los orígenes de la actriz no corresponde al carácter nivelador u ordenador del mito popular: la madre de la actriz no es de alta alcurnia sino una criada.

—El liberador de la actriz no es un príncipe —aunque sí la inicia en los placeres del amor— sino un espía que va tras el secreto poder de la actriz.

—La función del viaje mágico romántico es invertida y éste es posibilitador de traición.

—El marido-magnate al ser advertido de la posible traición de su mujer, planea para ésta una muerte que invierte la leyenda del príncipe encerrado en un cuerpo de rana: la actriz sería enclaustrada —con sus joyas— en una caja-estuche de cristal, para dejarla morir lentamente por asfixia, hinchándose como un sapo.

—Ruptura del mito de la actriz premiada y mimada.

Trascendiendo el ámbito de la metadiégesis 1, Morello-Frosch señala las siguientes rupturas, que nos parecen básicas en la novela: el ceder al impulso erótico sería provocador de un desenlace desventurado; la idea romántica del ser perfecto, hombre o mujer, no provoca satisfacciones en el ámbito de la experiencia humana.

7. Las afirmaciones de Lindstrom respecto de PA, corroboran nuestro planteamien-

to: "Hitherto, an ironic distance has always separated Puig's work from its pop models. [...] The formal innovation that characterized earlier Puig works has been much diminished. One suspects that there has been a strict pruning-away of everything that made Puig a virtuoso performer, a 'tricky' writer more preoccupied with construction than thematic statement. In effect, the reader of *Pubis angelical* will find relatively little structural innovation deserving of close study." (1980, p. 208).

8. Empleamos el concepto "universal" con el sentido que le otorga Grivel: "l'universel est une catégorie d'antériorité définissant le discours actuel —les textes concretes— dans la mémoire collective." (1978, p. 40).

9. Obsérvese la coincidencia entre el planteamiento del texto y el que hallamos en un artículo de Gornick: "For in woman the *mythic* sexual sense, the sexual need, the sexual preoccupation has been so pervasive, so confused, so multiple in definition, so grotesquely unfiltered that she has suffered the fate of the compulsive: in order to live perhaps she must remove herself from sex *entirely*." (1972, p. 142). El discurso ficticio de PA y este discurso real aparecerían como actualizaciones del mismo universal.

10. Safir señala que el título "Boquitas pintadas" es un significante falso: "Las palabras 'boquitas pintadas' deben significar un modelo sentimental de la realidad pequeño-burguesa que, en el nivel de sentido se caracteriza por alegría y frivolidad. Sin embargo, dentro de la novela el título se identifica con Juan Carlos quien, siendo un don Juan tuberculoso, cuyas boquitas pintadas son cuatro mujeres de la provincia, es sólo una sombra del tanguero en *Rubias de New York*. Más aún, el título de la novela llega a identificarse con la enfermedad de Juan Carlos, con los esputos de sangre de su tuberculosis y después, con la decadencia y la muerte de las boquitas azules, violáceas y negras de la segunda parte" (1975, p. 55).

11. Kerr sugiere al respecto, una interpretación radicalmente distinta de la nuestra; según dicha crítica, la fantasía de Nené relativa a su reunión final con Juan Carlos es transformada en una realidad textual: "She is brought back to life, along with him, at the end of the same chapter where, amidst the flames whose final effects can't quite be determined, they again appear together." (1987, p. 111); "she [Nené] remains on the move with Juan Carlos, the figure whom she is at last allowed to follow so closely." (p. 112).

12. "The value of the stereotype depends on the role it plays in the strategies of text and reading: it cannot be fixed once and for all. Let us avoid imprisoning the stereotype within the recurrent and frozen pattern of its own public image." (Amossy 1984, p. 700).

13. El epígrafe de la cuarta entrega: " '... sus ojos azules muy grandes se abrieron...' " (p. 50) precede a una primera sección enteramente dedicada a Nené, que se inicia con el despertar del personaje.

14. Respecto de cliché "representado", véase Riffaterre (1971, p. 176).

CAPITULO 2

UTILIZACION DE GENEROS PARALITERARIOS COMO MODELOS PARODIADOS

2.1 *BOQUITAS PINTADAS*, PARODIA DEL FOLLETÍN Y DE LA NOVELITA ROSA

BP —texto cuya tendencia ocultante ya hemos destacado— aparenta desenmascararse al recurrir a una autoseñalización paratextual que lo define como *Folletín*.[1] Postulamos que dicho gesto es, en verdad, creador de una doble ambigüedad pues la singularidad y la creatividad de esta novela provienen no de su adhesión a un género, sino de la subversión de dos —ambos correspondientes al ámbito de la paraliteratura— que nos importa distinguir: el folletín, género divulgado en el siglo XIX y la novela sentimental o novelita rosa, actualmente en plena difusión; esta última emerge indicialmente en BP, mediante una configuración metadiegética en relación de inversión especular con la diégesis.[2]

Utilizaremos dos modelos para intentar captar —centrándonos en ciertos puntos fundamentales— la índole de la señalada subversión o transgresión genérica, ellos son: el folletín, tanto en su versión española, representada por Wenceslao Ayguals de Izco como en su vertiente francesa, uno de cuyos exponentes es Eugenio Sue, y las novelitas sentimentales de Corín Tellado.

Una diferencia que ya nos importa destacar entre los dos géneros paraliterarios señalados es la configuración de un mundo mayor, de intensidad épica y resonancia dramática en el folletín, en contraste con la pintura de un mundo íntimo, sentimental, de tono menor, en la novelita rosa. Lo dicho guarda relación con la importancia que el folletín se autoasigna en oposición a cierta autoconciencia que la novelita rosa posee respecto de su propia intrascendencia. Ilustremos estos rasgos: Sue emitió el siguiente juicio sobre *María o la hija de un jornalero* de Ayguals: "MARIE L'ESPAGNOLE, ou *la Victime d'un Moine,* est non seulement une ouvre d'art des plus remarquables, c'est encore une noble, une courageuse action." (Ayguals de Izco 1846, Tomo I, p. ix); en *Les mystères de Paris,* el substituto auctorial proclama: "ce qui nous soutient aussi dans cette oeuvre longue, pénible, difficile, c'est la conviction d'avoir éveillé quelques nobles sympathies pour les infortunes probes, courageuses, imméritées, pour les repentirs sincères, pour l'honnêteté simple, naïve; et d'avoir inspiré le dégoût, l'aversion, l'horreur, la crainte salutaire de tout ce qui était absolument impur et criminel" (Sue 1965, Tomo II, p. 243). Ayguals se manifiesta convencido de la trascendental función ideológica que su obra cumple; ella consiste en abogar por las clases pobres, presentar el vicio en su máxima fealdad y, como próposito secundario, contribuir a elevar a España al rango que le corresponde en el ámbito de la civilización europea. La novelita rosa muestra, en cambio, la mirada despectiva que se dirige a sí misma, a través de ciertas alusiones especulares: "—Me produces mucha pena, querida. Te estoy viendo dentro de unos años sola, amargada, en el interior de tu casa, leyendo novelas folletinescas, imaginando que tú eres la protagonista y sin aprisionar entre tus dedos, para entonces un poco temblorosos, algo positivo." (Tellado 1967, p. 73); en un afán de verosimilitud, la novelita rosa desvirtúa su propio código: "Que se hagan a la idea de que no siempre las mujeres aman y se casan y son felices... Después de todo... la vida no es una novela." (Tellado 1974, p. 76); en el mismo texto, un personaje que cumple el rol de psiquiatra y es, consecuentemente con el código, portador de verdad, señala: "La vida no es una novela y el hombre no es un fantasma, es un hombre. Y el amor es siempre amor, con muy pocas variaciones." (p. 108); en el Epílogo de esta misma obra, se emplea paradójicamente un procedimiento de verosimilización que provocará un efecto inverso, dignificador de la novelita rosa, la que muestra así su estimativa fluctuante: "No quisimos hacer una novela y tu vida resultó una auténtica obra sentimental." (p. 125)

Es evidente que la relevancia que el folletín se autoadjudica no corresponde al despliegue de la función poética, a la configuración del mensaje; éste se encuentra al servicio de la difusión de ciertas ideas, así como en la novelita rosa sirve de vehículo a emociones en un nivel muy elemental.[3] Sería concebible, en cambio, adjudicar a las novelas de Puig una función de crítica social,[4] pero ella no permanece como proclamación discursiva sino que se transmuta en materia estética; el mensaje poético se constituye en el factor dominante.

Observemos aún que en el folletín y la novelita rosa son muy frecuentes los procedimientos de verosimilización; ya lo hemos señalado respecto de esta última; veamos ahora cómo en el folletín, Ayguals y Sue encomian su adhesión a la verdad: "Ne faut-il donc pas qu'en décrivant nos moeurs, je tâche de rétablir la vérité par une peinture aussi exacte que'impartiale?" (Ayguals de Izco 1846, Tomo I, p. vii); "Notre unique espoir est d'appeler l'attention des penseurs et des gens de bien sur des grandes misères sociales, dont on peut déplorer, mais non contester la réalité." (Sue 1965, Tomo II, pp. 243 y s.) Cabe concebir como una tendencia antitética, propia de textos en alto grado escribibles, el desenmascaramiento de la obra como tal, asumiéndose como un artificio inidentificable con la realidad o con la vida; en estos casos, como señala Ricardou (1967), la ficción utiliza el concepto de mundo con el fin de obtener un universo obediente a las específicas leyes de la escritura. Sin llegar a ese grado de escribibilidad, BP se desenmascara como texto al enmascararse como folletín.

El folletín ha impreso sus rasgos en la estructuración externa de BP, novela organizada mediante *entregas*; una función canónica de la entrega folletinesca consiste en interrumpir la continuidad del desarrollo diegético, suscitando así un efecto de suspenso que estimulará el interés del lector;[5] con ese fin es frecuente que una entrega anticipe el contenido de la siguiente, recurriendo a fórmulas como: "En el próximo capítulo veremos", e.g., "il trouva dans leurs rangs une mort cruelle, dont le récit, mêlé à d'autres scènes intéressantes, formera la matière du chapitre suivant." (Ayguals de Izco 1846, Tomo I, P 96). En *Les mystères de Paris,* el procedimiento se extrema en un momento en que la heroína, Fleur-de-Marie o la Goualeuse, es raptada por ciertos personajes que son la encarnación del mal; el capítulo XIV de la tercera parte finaliza con la mención de dicho acontecimiento: "Quelques minutes après, la Goualeuse était transportée dans le fiacre conduit par Barbillon [...] et les trois complices se dirigèrent avec leur victime, presque expirante, vers la plaine Saint-Denis, où Tom les attendait." (Sue 1965, Tomo I, p. 521); el capítulo siguiente se iniciará con la siguiente justificación del narrador: "Le lecteur nous excusera d'abandonner une de nos héroïnes dans une situation si critique, situation dont nous dirons plus tard le dénouement. Les éxigences de ce récit multiple, malheureusement trop varié dans son unité, nous forcent de passer incessamment d'un personnage à un autre, afin de faire autant qu'il est en nous, marcher et progresser l'intérêt général de l'oeuvre" (ibid.); sólo muchos capítulos más adelante, recién en el capítulo VI de la quinta parte, se reanudará el relato sobre este personaje.

Ynduráin (1970) ha considerado este rasgo del folletín, señalando que en él operan intensamente los dos polos de la expectación: el planteamiento y su satisfacción. En virtud de la alusión que Ynduráin hace a Barthes ("la catálisis despierta sin cesar la tensión semántica del discurso" (Barthes 1972, p. 21)) podría entenderse que el folletín ofrece la potenciación de un mecanismo propio de todo relato.[6]

Nos interesará captar en qué grado BP hace uso de las posibilidades creadoras de tensión inherentes a su peculiar estructuración o si ya se advierte en este nivel un desvío del modelo.

Destaquemos primeramente que, a diferencia del folletín, las entregas son configuradas en BP como unidades cerradas, sin que se den entre ellas, como ocurre en el folletín, remisiones discursivas; esto supone la pérdida de un significativo procedimiento creador de suspenso.

Al considerar los finales de las 16 entregas que constituyen a BP, advertimos sólo tres casos que corresponden a momentos altamente tensionales, cuya suspensión intensifica el interés del destinatario. Nos referimos al fin de la octava entrega, en el que Juan Carlos no recibe los favores de Nené y decide retornar al objeto de su deseo, Mabel (p. 123), así como al fin de la décima entrega, que presenta la iniciación de la relación entre Pancho y Mabel (p. 158) y al desenlace de la décimocuarta entrega, correspondiente a la mostración del lenguaje exaltado de Celina, que remite a Nené como objeto de su odio (p. 216). Ha de señalarse que el sujet *in medias res* de la novela, en virtud del cual el mundo del texto se inaugura con la noticia de la muerte de Juan Carlos, atenúa el efecto tensional suscitado por el final de la entrega octava: todo cuanto concierne a Juan Carlos emerge como un pasado inmodificable.

En contraste con los tres casos mencionados, hay finales de entrega que corresponden a una total ausencia de tensión, al darse en ellos una máxima inserción en la cotidianidad mediante una configuración descriptiva, e.g., al fin de la primera entrega, Nené "Enciende el calefón a gas para lavar los platos con agua caliente." (p. 22); en el desenlace de la segunda, "Entre las patas de la mesa y de las sillas otro niño busca un juguete pequeño con forma de auto de carrera." (p. 34). En la finalización de la décimoquinta entrega —a la que ya nos hemos referido— la visión cotidiana resulta exacerbada debido a su violento contraste con la exaltación anterior de Nené, cuyos fantaseos han configurado su unión con Juan Carlos en el más allá:

> —¡Mami, quiero hacer pis!
> —Falta poquito para llegar, aguantá querido.
> —¡Mamá, no puedo más!
> —Dentro de un ratito ya llegamos a La Falda, vas al baño de la estación ni bien bajemos... Aguantá un poco.
> —Mami, yo me aburro.
> —Miren por la ventanilla, miren qué linda la sierra ¿ven cuántas cosas lindas que creó Dios? (p. 234).

El *ethos* burlesco resulta, en este caso, intensificado por la referencia a Dios tanto en la isotopía exaltada como en la cotidiana.[7]

La entrega final de BP —a la que ya nos refiriéramos en el capítulo anterior— suscita un efecto definitivamente anulador de exaltación, desmitificador, en total oposición al folletín, cuyo desenlace corresponde a la proclamación del triunfo de la inocencia, la virtud, la belleza. Veamos como un ejemplo de este rasgo folletinesco, un momento configurado hacia el final del último capítulo de *Marie l'espagnole*:

> Le jeune homme entr'ouvrit les rideaux de l'alcôve, et la jeune vierge, à l'aspect du lit nuptial, éprouva un frémissement indéfinissable.
> Un instant après, en s'approchant de cette alcôve, on aurait pu entendre les soupirs de l'amour heureux!...
> Amour! amour sublime! tous tes voeux sont maintenant satisfaits!...
> Au même instant, une détonation bruyante retentit sur tous les angles de l'édifice.
> C'était une décharge de mousqueterie qui purgeait l'Espagne de l'ignoble Patrice, le moine prévaricateur. (Ayguals de Izco 1846, Tomo II, pp. 358 y s.).

Benítez ha destacado, refiriéndose a la obra de Ayguals, el carácter enigmático de la intriga folletinesca: "Cada novela es una sucesión de enigmas que se van aclarando hacia el final. En *La bruja de Madrid* el enigma está vinculado con la extraña personalidad de la protagonista; en *La justicia divina* se plantea en forma enigmática la relación de

Enrique y su supuesto padre. En estos casos, toda la novela se organiza como un acertijo: el ordenamiento de la intriga consiste en la develación del misterio. Pero aun en novelas lineales y simples, como *María, o la hija de un jornalero,* cada episodio o capítulo constituye un enigma en pequeño." (1979, p. 174).[8] Este rasgo es notorio en *Les mystères de Paris,* obra en la que el desarrollo diegético es dinamizado por ciertos enigmas básicos, que afectan al lector y a determinados actores, e.g., ¿Quiénes han sido los padres de Fleur-de-Marie?, ¿Cuál ha sido el destino del hijo de Mme Georges? ¿Qué hecho ha impulsado a Rodolphe a dedicar su vida a la recompensa del bien y a la persecución del mal? El anhelo de descifrar el enigma, crea el deseo de continuar la lectura. Cabe destacar la presencia de ciertos momentos en que el lector, ya enterado de la verdad, es enfrentado a escenas de gran intensidad dramática en las cuales el enigma es resuelto ante personajes para quienes esta revelación es especialmente significativa, e.g., el diálogo en el que Sarah informa a Rodolphe que la Goualeuse es la hija de ambos:

>   —Ma fille! répéta Sarah, dans le visage était livide et effrayant de désespoir; ils ont tué ma fille!
>   —La Goualeuse, votre fille!!!... répéta Rodolphe en se reculant avec horreur.
>   [...]
>   —Sarah! reprit Rodolphe aussi pâle, aussi effrayant que la comtesse, revenez à vous... répondez-moi. La Goualeuse... cette jeune fille que vous avez fait enlever par la Chouette à Bouqueval... était...
>   —Notre fille!
>   —Elle!!!
>   —Et ils l'ont tuée! (Sue 1965, Tomo III, p. 346).

Encontramos también en BP entregas cuyo desenlace es creador de enigmas; pero éstos no son, sin embargo, fuente de tensión pues su efecto resulta diluido, sea mediante el empleo de un peculiar método narrativo que en lugar de concentrarnos en el núcleo enigmático, como hace el folletín, nos aparta de él, sea mediante una configuración tan vaga del enigma que éste no logra atraer la atención del lector. Un ejemplo del primer caso correspondería al término de la cuarta entrega, en el que Juan Carlos deja a Nené y se dirige a medianoche a la cita que verdaderamente le importa, la cual constituye un misterio

para el lector; los elementos atenuantes o distanciadores corresponderán a reflexiones del personaje, generalizaciones, recuerdos, planes:

> Ya en lo alto del tapial pensó que un viejo no podría pasar
> de un salto al patio contiguo. Sin saber por qué recordó a
> la niña casi adolescente que lo había mirado esa tarde, pro-
> vocándolo. Decidió seguirla algún día, la niña vivía en una
> chacra de las afueras. Juan Carlos se refregó las manos su-
> cias de polvo contra la campera de estanciero y se preparó
> para dar el salto. (p. 65).

El segundo caso señalado ocurre al fin de la quinta entrega y concierne
a un acto negativo realizado por Raba respecto de Nené: Raba "Pensó
que se había portado mal con Nené, no había cumplido su promesa.
Raba juntó las manos y pidió perdón a Dios. Recordó las palabras de
Nené: 'si me hacés una mala pasada Dios te va a castigar'" (p. 84). Sugestivamente, BP transforma y emboza un enigma frecuente en el folletín, cual es el envío de cartas anónimas; el emerger tardío de la verdad provocará en este caso —al ser descubierta doña Leonor como
falsa destinadora de cartas recibidas por Nené— un efecto de ruptura
en el lector.

Otros procedimientos atenuadores de la tensión propia del
folletín, a que recurre BP son:
—Reiteraciones discursivas provocadoras de un efecto de monotonía,
cualidad esta última que es así patentizada como rasgo propio del
mundo configurado, e.g., en la novena entrega, se repite el sintagma:
"El ya mencionado 27 de enero de 1938", que sirve de iniciación a
cuatro fragmentos constitutivos de esta unidad; en cada una de las
partes de la misma entrega, exceptuando la Recapitulación, se reiteran
las frases: "¿Cuál era en ese momento su mayor deseo?", "¿Cuál era
en ese momento su temor más grande?", variando los actores respecto
de quiénes estas preguntas se formulan; este procedimiento tan elemental destinado a captar la "esencialidad" de los personajes, pone al
descubierto la simpleza de determinados recursos empleados por el folletín. Asimismo el carácter paródico de BP se refuerza por ser las reiteraciones discursivas y las formulaciones interrogativas, rasgo propio
del género folletinesco.
—Persistentes menciones temporales que en lugar de crear tensión, como podría ocurrir en un texto policial, ejercen un efecto agobiante sobre el lector:

A las 18:23 Pancho se lavó en el rancho debajo del chorro
de agua fría de la bomba. A las 19:05 su madre y su hermana mayor entraron a paso lento y dificultoso [...]. A las
20:05 ya estaba caliente el puchero del mediodía y comie-
ron todos juntos. Pancho no habló casi y a las 20:30 salió
caminando despacio rumbo al centro del pueblo. (pp 76 y
s.).[9]

—Configuraciones esencialmente estáticas que asumen impropia o
propiamente la estructura de un formulario. Ejemplo de lo primero es
la referencia que se hace a las Romerías populares efectuadas el 26 de
abril de 1937 en el Prado Gallego:

Hora de apertura: 18:30 horas.
Precio de las entradas: caballeros un peso, damas veinte
centavos.
Primera pieza bailable ejecutada por el conjunto "Los Ar-
mónicos": tango "Don Juan".
Dama más admirada en el curso de la velada: Raquel
Rodríguez.
Perfume predominante: el desprendido de las hojas de los
eucaliptus que rodean al Prado Gallego. (pp. 92 y s.).

Una manifestación literal de este modelo es el informe emitido por el
Hospital Regional del Partido de Coronel Vallejos, relativo a la pa-
ciente Antonia Josefa Ramírez (p. 119), así como el informe de la Policía de la Provincia de Buenos Aires, en el que se señala el embarque
de aspirantes a suboficial, con destino a la Capital Federal (ibid.).
   Destaquemos aún como rasgo correspondiente a la estructuración
folletinesca de BP, la presencia de una RECAPITULACION al comienzo de la novena entrega, que inicia la segunda parte de la novela.
Respecto de este recurso folletinesco ha señalado Benítez: "Los resúmenes son imprescindibles en toda novela por entregas. Permiten recordar la complicada trama. Cada entrega suele iniciarse con un breve
resumen de la entrega anterior [...]. En Ayguals, el resumen suele
abarcar varios años de acontecimientos políticos y de la vida del personaje. Con ello, se eluden hechos innecesarios o acciones que no interesa describir. En estos casos el resumen se justifica. Pero a veces son
realmente resúmenes abusivos, que llenan varias entregas, y con los
que el autor se evita el trabajo de contar aspectos de real importan-

cia." (1979, p. 180). Advirtamos que la recapitulación ofrecida en BP es, a semejanza de ciertos resúmenes de Ayguals, una pseudorrecapitulación pues los acontecimientos mentados nunca antes han sido referidos. A diferencia de lo anotado respecto de Ayguals, la concisión con que estos acontecimientos son expuestos, contribuye a destacar su importancia diegética.

Aunque nos resulta teóricamente comprensible la afirmación de Ynduráin, según la cual el "nivel de lectura más elemental elude lo discursivo y busca con preferencia los pasajes más activos" (1970, p. 63), debemos reconocer la abundancia de descripciones prolongadas en Ayguals y Sue. En el primero, la morosidad descriptiva suele cumplir la función de extremar la exaltación y la expresión de la sensualidad, efecto muy apreciado por el destinatario de dicha obra. Observemos cómo un diario de la época, manifiestamente antagónico a Ayguals por razones ideológicas, se refiere a dichos intermedios descriptivos en *María o la hija de un jornalero*: "indicaremos solamente uno de los recursos que más prodiga la vena del señor Ayguals. Habla, por ejemplo, de que tal o cual personaje de su novela bajó a pasear al Prado, pues a renglón seguido viene la descripción circunstanciada de este paseo, quién le mandó construir y cuando, etc. Esto pudiera pasar una vez y respecto de un sitio que lo mereciera; pero lo hace con cuantos edificios, paseos, sitios reales y lugares salen a relucir en su narración, aunque sea traída por los cabellos la cita del paraje o sitio que se quiere describir." (*La Censura* 1848 vol. XII, pp. 435-438; citado en Zavala 1971, pp. 269 y s.). En Sue, son frecuentes descripciones que crean el escenario requerido para el desarrollo de los acontecimientos, sin llegar a anular el dinamismo diegético, o que cumplen una función informativo-ideológica. Como ejemplo de lo primero, podemos mencionar la descripción que en el capítulo V de la cuarta parte de *Les mystères de Paris,* se ofrece del Templo, enorme bazar al cual se dirigen a realizar sus compras, Rodolphe y Rigolette; muestra de lo segundo es la extensa descripción que Sue ofrece respecto del sistema carcelario al comienzo del capítulo XV de la séptima parte del mismo texto. Bástenos lo señalado para subrayar ahora la función totalmente diferente y transgresora que el empleo de un método descriptivo extremadamente moroso cumple en Puig: en BP, la inmersión en un código canónicamente realista, que no es el correspondiente a la novela, suscita —como un efecto paralelo— el desconcierto del lector y crea una suerte de "temática vacía", que dificulta el retorno del mundo al texto:[10]

> El día jueves 23 de abril de 1937 el sol salió a las 5:50.
> Soplaban vientos leves de Norte a Sur, el cielo estaba par-
> cialmente nublado y la temperatura era de 14 grados
> centígrados [...]. Nélida tenia el pelo dividido en mechones
> atados con tiras de papel, mantenidos en su lugar por una
> redecilla negra que ceñía el cráneo entero. Una enagua
> negra hacía las veces de camisón. (p. 50).

El carácter paródico y desautomatizante que el exceso de morosidad
descriptiva puede provocar, es advertible en el siguiente momento de
BP en el que el texto desoculta su propio funcionamiento:

> Recorrido de las lágrimas de Raba: sus mejillas, su cuello,
> las mejillas de Pancho, el pañuelo de Pancho, el cuello de
> la camisa de Pancho, los yuyos, la tierra seca del pastizal,
> las mangas del vestido de Raba, la almohada de Raba. (p.
> 97).

El narrador del folletín es por excelencia un narrador personal,
dotado de una perspectiva olímpica, que cumple con una función
céntrica, orientadora, constituyendo al texto en eminentemente legible; logra dicho hablante la adhesión del lector, ante quien "se siente
comprometido" y a quien "pretende satisfacer": "No podemos dejar
de describir [la escena], aunque sea sucintamente, si hemos de cumplir
nuestra promesa de relatar con exactitud todos los sucesos que constituyen la historia contemporánea de *María*." (Ayguals de Izco, *María
o la hija de un jornalero,* citado en Benítez (1979, p. 183)); "Pou-
rrons-nous faire comprendre au lecteur notre singulière impression,
lorsqu'au milieu de ce vocabulaire infâme" (Sue 1965, p. 34). Este
tipo de narrador permite, a través de su discurso no mimético o abstracto, el delineamiento de una clara estimativa, factor importante
para el cumplimiento de la función ideológica en Sue y Ayguals. Por
lo que respecta a los personajes, el narrador folletinesco toma claro
partido y enjuicia —muchas veces hiperbólicamente— las conductas
que expone: "Quittons donc pour un instant le fastueux palais de cette
atroce marquise, manoir du vice, de la dépravation, et transportons-
nous avec nos lecteurs dans la demeure du malheureux Anselme
l'Intrépide, pour y voir la vertu indigente horriblement persécutée."
(Ayguals de Izco 1846, p. 167).
El texto de Puig diluye extremadamente ese centro que el narra-

dor constituye en el folletín; la configuración fragmentaria y variada de BP exigirá un esfuerzo de reconstitución por parte del lector; a la intensa legibilidad de la novela folletinesca se opone aquí un apreciable grado de escribibilidad, e.g., en la tercera entrega nos son presentados sucesivamente —sin ninguna explicación conductora del narrador— un álbum de fotografías, un dormitorio de señorita, año 1937 y una agenda de 1935. La presencia del narrador resulta anulada mediante la introducción de documentos que excluyen su mediatización, e.g., cartas, textos de revistas, la agenda de un personaje. El hablante de BP es, sin embargo, como el del folletín, omnisciente, y el grado en que ostenta esta facultad, mediante la configuración de ciertos títulos que cumplen una función anunciadora, asume un matiz paródico, e.g., "Pensamientos predominantes de Pancho frente a Raba en la oscuridad:" (p. 95); "Interrogantes que se formuló el ocupante de la habitación catorce al considerar el caso de su amigo" (p. 110). Pero, en absoluta oposición al narrador del folletín, el de BP es un hablante impersonal, objetivo, una especie de cámara capaz de captar con sorprendente minuciosidad, rasgos externos e internos de los personajes configurados. Empleando, como propone Suleiman (1980), la dicotomía de Benveniste, diremos que el folletín pertenece a la categoría del discurso mientras que BP corresponde a la categoría de la historia.[11]

La omnisciencia del narrador unida a su estimativa infalible, permiten en el caso del folletín una clasificación rígida y dicotómica de los actores, de acuerdo a un criterio moral, en virtuosos y malvados. En *María o la hija de un jornalero,* María y su familia son la encarnación de la virtud y la honestidad, así como el monje —también paratextualmente citado en la edición francesa— lo es de la perfidia. *Les mystères de Paris* se esfuerza por introducir una visión más compleja de los personajes, enfatizando que el caso del perverso puro constituye un fenómeno raro: "Ces réflexions n'amènent-elles pas à croire [...] que certains principes de moralité, de piété, pour ainsi dire innés, jettent encore quelquefois çà et là de vives lueurs dans les âmes les plus ténébreuses? Les scélérats *tout d'une pièce* sont des phénomènes assez rares." (Sue 1965, Tomo I, p. 34). Asimismo los actores virtuosos de este texto (e.g., Fleur-de-Marie, Rodolphe, Mme d'Harville) tienen la posibilidad de pecar, de hecho o en el plano de las intenciones.

Por su parte, BP se esfuerza por evitar polarizaciones axiológicas. A diferencia de la protagonista de *Marie l'espagnole,* ninguno de los personajes femeninos principales de BP, Nené, Mabel, Celina, la

Raba, preserva su honra, siendo no obstante la virginidad un valor según la moral convencional imperante en el mundo plasmado.[12] Mabel puede aparecer ante los ojos del lector como un actor negativo: es la culpable del empeoramiento de la salud de Juan Carlos; engaña con éste a su novio; crea una falsa versión respecto de la muerte de Pancho; ya casada tiende a flirtear con un joven vendedor; para contrarrestar dicho efecto y mostrar al actor como polifacético, el texto configura también a una Mabel dispuesta al sacrificio, por lo que respecta a su relación con su nieto: "Había sido atacado de parálisis infantil y Mabel, a pesar de contar con una jubilación correspondiente a sus treinta años como maestra de escuela pública, trabajaba todas las horas posibles para ayudar a solventar los gastos médicos." (p. 238). Celina, encarnación de la negatividad desde la perspectiva de Nené, muestra sus facetas positivas a través del afecto que siente por su hermano. Juan Carlos aparece caracterizado desde la perspectiva de su madre —con la que podemos concordar en distinto grado— como un chiquilín que sólo desea divertirse e "ir con las chicas" (p. 213), quienes son las verdaderas culpables; poniendo de manifiesto una mayor complejidad psicológica, Juan Carlos siente satisfacción por el fallecimiento de su amigo Pancho, reacción suya que es expuesta muy sutilmente en el texto, sin asomos de valoración: "Piensa en la posibilidad de que el amigo muerto note que la noticia del asesinato en vez de entristecerlo lo ha alegrado." (p. 170). La Raba podría ser estimada como un personaje bueno e inocente, pero es capaz de un acto de delación que perjudica a Nené.

El folletín diseña un mundo bien ordenado, en el que premios y castigos son justamente distribuidos. Rodolphe constituye en Les mystères de Paris, la encarnación de la justicia folletinesca: él prodiga su protección y su ayuda a los virtuosos y se adjudica el derecho de castigar el mal; recuérdese la escena en la que Rodolphe condena a Anselme Duresnal (le Maître d'école) a la ceguera:

> —Ecoute... dit Rodolphe en se levant d'un air solennel et en donnant à son geste une autorité menaçante: tu as criminellement abusé de ta force... je paralyserai ta force... Le plus vigoureux tremblaient devant toi... tu trembleras devant les plus faibles... Assassin... tu as plongé des créatures de Dieu dans la nuit éternelle... les ténèbres de l'éternité commenceront pour toi dans cette vie...

aujourd'hui... tout à l'heure... Ta punition enfin égalera
tes crimes... (Sue 1965, Tomo I, p. 207).

En BP las transgresiones morales quedan impunes: la justicia será
engañada respecto de las verdaderas circunstancias del crimen de la
Raba, quien es finalmente absuelta; Mabel confiesa sus pecados a un
sacerdote en una escena que es fuente de equívocos que minimizan la
gravedad de lo referido; el odio que Celina profesa a Nené, nunca encontró a su verdadero destinatario.

La movilidad social que caracteriza al folletín de Ayguals, se
mantiene en BP, asumiendo una dirección ascendente por lo que se refiere a Nené y a la Raba, y una descendente por lo que respecta a
Mabel.[13]

Las placas recordatorias colocadas en la tumba de Juan Carlos,
parodian el sentimentalismo y el patetismo propios del folletín, incu-
rriendo en una estética de la plenitud:

"¡JUANCA! con tu partida no sólo he perdido a mi hermano querido, sino a mi mejor amigo de esta, desde ahora,
mi pobre existencia. Tu recuerdo inolvidable tiene en mi
corazón un templo que recibirá perennemente el incienso
de mis lágrimas... Eternamente tu alma buena sea desde el
más allá la guía de tu hermanita DIOS LO QUISO CELI-
NA." (p. 210).

"¡Silencio! mi hijito duerme Mamá." (p. 211).

La significación que "el amor" asume para los actores de BP,
como eje organizador de sus existencias, nos lleva a ponernos en contacto con el otro género paraliterario ya anunciado, la novelita sentimental: el dilema de Mabel, sobre el cual consulta a la redactora de
"Correo del corazón", es si continuar su relación con Juan Carlos o
unirse al joven estanciero de origen inglés; la agenda de Juan Carlos
ilustra fundamentalmente los devaneos amorosos del actor y su pro-
fundo entusiasmo por Mabel; en el reencuentro de Nené y Mabel, el
diálogo versa esencialmente sobre el amor: "Las dos encontraron para
ese interrogante una respuesta. La misma: sí, el pasado había sido mejor porque entonces ambas creían en el amor." (p. 186); escuchando el
Radioteatro de la Tarde, Nené afirma: "—Mabel, no me digas que
hay algo más hermoso que estar enamorada." (p. 191).

Para mostrar las relaciones de equivalencia existentes entre BP y la novelita rosa, es dable utilizar el modelo intratextual constituido por la audición radial ya mentada en nuestro capítulo anterior[14] y un modelo genérico, extratextual; este último corresponderá —como anunciáramos— a novelitas de Corín Tellado.

La radionovela diseña la relación amorosa exaltada, incondicional, recíproca, anhelada por Nené, cuya ausencia BP configura: Mabel rompe su relación con Juan Carlos, caso único en que una cuota de reciprocidad hubiera sido posible.

Es notable la contaminación discursiva que se provoca entre el momento introductor de la entrega décimotercera y el lenguaje del locutor radial:

> Era una tarde de otoño. En esa calle de Buenos Aires los árboles crecían inclinados. ¿Por qué? Altas casas de departamentos de ambos lados de la acera ocultaban los rayos del sol, y las ramas se tendían oblicuas, como suplicando, hacia el centro de la calzada... buscando la luz. Mabel iba a tomar el té a casa de una amiga,'' (p. 184).

La audición radial se inicia también con una mención temporal y se impregna, en su totalidad, de un temple de exacerbada emotividad:

> Aquella fría madrugada de invierno Pierre divisó desde su escondite en lo alto del granero, el fuego cruzado de los primeros disparos [...]. Si tan sólo pudiera acudir en ayuda de los suyos, pensó. (p. 191).

Es como si el discurso del narrador absorbiera los rasgos discursivos del locutor, que luego emergerá.

Esto ocurrió a Cecile de Corín Tellado plantea análogamente a BP el "problema" de la posibilidad de un segundo amor. La respuesta que en BP surge a partir del diálogo mantenido entre Nené y Mabel en la décimotercera entrega, es negativa: ni Nené ni Mabel han logrado querer sino a Juan Carlos; el desarrollo diegético desvirtuará en cierto grado esa conclusión pues Nené llegará a sentir afecto por su esposo, prueba de ello es que pide que en su ataúd sea colocado el anillo de compromiso de éste; sin embargo, dicho sentimiento parece desprovisto de toda exaltación pasional, la cual no sería compatible con el triunfo ya señalado en BP del anti-cliché. La novelita sentimental mentada se propone paradójicamente, en una especie de impulso de autorreacción, desenmascarar el mito del primer amor: "Era un mito eso de amar hasta la muerte a un solo ser y no admitir en su vida otro del mismo sexo." (Tellado 1974, p. 65); "el primer amor es un mito que pasa a la historia sin dejar huella." (p. 126). Si bien ciertas diferencias entre el primer amor y el segundo se mantienen, este último superará al anterior ("Quizá no amaba a Ted como un día amó a Tony. Pero era su amor más firme, más de este mundo, quizá más material, pero infinitamente más interesante y llenaba por completo el corazón de Cecile." (p. 120)) y la novelita logrará su final canónico en el que el elemento pasional se cumple de acuerdo a la estética de la plenitud: "No preciso decirte que soy infinitamente feliz y que Ted es mi existencia entera [...]. Sus besos son para mí la mayor felicidad y mis besos son para Ted la máxima dicha. Somos, pues, un hombre y una mujer que sacan a la vida y al amor el mayor partido posible." (p. 122).[15]

Suele dominar en las novelitas de Corín Tellado una atmósfera de riqueza y elegancia que es contradicha en BP por ciertas mostraciones de la cotidianidad. Contrastemos, por ejemplo, los siguientes momentos:

Magdalena Morales se miró por última vez al espejo. Se encontró bien. Sonrió aprobadoramente a su propia imagen y dio dos vueltas sobre sí misma. Vestía un modelo de fina lana que sentaba a su bien formado cuerpo como un guante. Era de un tono azulina muy suave y llevaba un cinturón flojo anudado sobre la cadera. Calzaba zapatos de altos tacones, color azul oscuro. Peinaba el cabello lacio vuelto en las puntas. Se había maquillado más que otras veces. Sombra en los ojos, un sombrerito negro y luciendo los verdes ojos como nunca. (Tellado 1981, p. 76).

"las mangas deshilachadas y la solapa, si me pongo el tapado no se ve que el vestido es nuevo [...]. ¿se me pasa la enagua? ¡la niña Mabel no me dijo que el vestido está chingado! [...] ¡y mi vestido está chingado! Pancho, mirame lo de arriba nada más, el escote cuadrado y las mangas cortas, no me mires el ruedo que está chingado y se me pasa la enagua" (pp. 162, 163, 166).[16]

El tiempo no ejerce en el mundo configurado en las novelitas un efecto deteriorante ("A su lado estaba Julio, algo más rejuvenecido pese a los dos años transcurridos" (Tellado 1967, p. 110); "La figura de Raquel, también más juvenil que dos años antes, apareció en el umbral." (ibid.); "No, cariño, ni tú ni yo podemos ser viejos, porque nos quisimos desde niños, desde que tú te pusiste tus trajes largos y yo di la primera patada a la pelota... No podemos envejecer porque tú guardaste tu corazón para mí. Y ese corazón será siempre un jovenzuelo." (pp. 111 y s.)), lo que se opone a la visión del tiempo como transcurso modificante y desgastante, correspondiente al universo de BP.

BP rompe, según ha mostrado nuestro análisis, el horizonte de expectativas del lector que asume la información concerniente al género, otorgada por el paratexto: conjuntamente con la imitación de elementos paraliterarios, esta obra de Puig pone en práctica la inversión de los mismos, siendo esto último lo que permite la captación de la novela como una totalidad paródica y desautomatizante.

Los dos géneros paraliterarios escogidos como modelo tienen, por cierto, conjuntamente con sus diferencias, características comunes; entre ellas, su índole extremadamente estereotípica, advertible en el empleo de clichés verbales y narrativos, que implican la sujeción a un modelo muy rígido y previsible. Las consideraciones expuestas en el capítulo anterior respecto del tratamiento del cliché en BP, nos han otorgado una perspectiva consistente para fundar a partir de ella el carácter transgresor de esta novela de Puig.

2.2.1 *THE BUENOS AIRES AFFAIR*, PARODIA DE LA NOVELA POLICIAL

The Buenos Aires Affair (Puig 1973b)[17] hace uso del mismo procedimiento enmascarador que empleara BP, ofreciéndose indicialmente desde su título y explícitamente desde su subtítulo —"Novela policial"— como un texto perteneciente a un género paraliterario.[18]

Asimilaremos en nuestro análisis las denominaciones "novela policial" y "novela detectivesca" (respectivamente, "roman policier" y "detective novel") y estimaremos a la novela detectivesca clásica como el modelo que TBA nos insta a considerar para desocultar su propio carácter subversivo.[19] Dicho modelo —ejemplificable a través de textos de Edgar Alan Poe, Arthur Conan Doyle, Agatha Christie— corresponde en la terminología de Todorov, al "roman à énigme" y se caracteriza por la presencia de dos historias: la del crimen y la de la investigación; la primera, que es en verdad la historia de una ausencia, finaliza antes de que comience la segunda; esta última —equivalente al sujet— es el ámbito de naturalización de los procedimientos empleados en la primera historia y, por tanto, su estilo debe ser neutro y simple y ella misma, imperceptible (véase Todorov 1971, pp. 57-59).

La primera historia en TBA corresponde a una doble y esencial ausencia, pues ella es el relato de un crimen temido, deseado, fingido, pero jamás realizado, aquél cuya presunta víctima es Gladys. Su "irrealidad" impone a esta historia un necesario inacabamiento. La historia segunda se inicia ya en el capítulo I con Clara Evelia como "detective" y continúa hasta la resolución del enigma en el capítulo XIII. Las catálisis informativas que abundan en esta segunda historia (vida de Gladys, vida de Leo, referencias extratextuales) cumplen una función naturalizante, otorgando al lector la base necesaria para entender dicha resolución. El texto diseña además un crimen posiblemente cometido, respecto del cual Leo aparece como victimario y un homosexual, como víctima; paradójicamente respecto de este crimen posible —el cual dinamiza la totalidad del relato— no existe una segunda historia.[20]

La importancia y la complejidad que asume la segunda historia en TBA —en oposición a la simplicidad que canónicamente debía corresponderle— podría instarnos a desechar el modelo escogido y substituirlo por otro género que Todorov incluye en el ámbito de la novela policial; nos referimos a la "novela de suspenso", la cual mantiene las dos historias del "roman à énigme", pero se niega a reducir la segunda a una simple detección de la verdad; el lector se interesa en este caso no sólo en lo que ha sucedido sino también en lo que ocurrirá; a la curiosidad se une el suspenso. Señalemos, no obstante, que si bien —como corresponde a la novela de suspenso— el misterio opera en TBA como punto de partida, dicho misterio está fundamentalmente al servicio de las ya señaladas catálisis que caracterizan a esta novela y la apartan del modelo policial.

Mantendremos, en todo caso, el primer modelo propuesto, el cual corresponderá normalmente a las expectativas del lector, dada la configuración muy tradicional del enigma en el capítulo I. Será precisamente la confrontación con este modelo, la que pondrá de manifiesto un mayor número de tensiones y evidenciará con la mayor intensidad el carácter subversivo del texto de Puig.

El enigma con el que se inicia la novela, corresponde a la desapa-

rición de Gladys, hecho que inaugura —como corresponde al género— un mundo inarmónico. Mediante la ostensible presencia de un
código indicial, el texto parodia lúdicamente la proliferación de indicios que caracteriza al mundo de la novela detectivesca ("Sherlock
never picks up a watch or a key that does not contain a suspiciously
large number of clues, far more than respectable watches and keys
should have. Every act, every glance, every button has some abstruse
significance for Holmes...' '' (Messac 1975, p. 603). Funcionan, por
ejemplo, como tales instancias indiciales, las siguientes señalizaciones
que ofrece TBA: en el instante en que Clara Evelia cerró los ojos, alguien podría haber entrado a la habitación sin que ella lo percibiera;
durante la noche Clara Evelia durmió perturbada por ruidos extraños;
análoga función cumple el énfasis en el "detalle revelador" constituido por la presencia de huellas "ya secas que iban y volvían de la puerta
del dormitorio de su hija a la puerta de calle, atravesando la sala de estar.'' (p. 13).

El narrador destaca, también lúdicamente, la ineficacia de Clara
Evelia en la captación de los indicios: "Durante breves instantes sobre
una de las ventanas se proyectó una sombra, tal vez los árboles del
jardín se habían movido con el viento, *pero Clara Evelia no prestó
atención*,''* (p. 10); "La madre se puso de pie, *no miró hacia la derecha* —donde habría percibido una presencia inesperada— [...]. Volvió
a la sala repitiendo el mismo recorrido en sentido inverso, por causas
fortuitas *no miró esta vez a su izquierda.*''* (p. 14). El desarrollo
diegético parece esforzarse en auxiliar a este "detective" incompeten-
te, en la realización de su función: "el haz de luz [...] señalaba un detalle del piso para que no se le pasara por alto.'' (p. 13).[21]

Los indicios resultan así aparentemente desperdiciados, pero, estando en verdad dirigidos al lector, contribuyen a la configuración paródica de una atmósfera de misterio, correspondiente al modelo genérico. Cumplen análoga función las sucesivas interrogantes planteadas
por el narrador desde la perspectiva de Clara Evelia: "el haz de luz
—¿de una linterna?— señalaba un detalle del piso'' (p. 13); "La luz
cesó, se notaban empero huellas barrosas —¿de zapatos de
hombre?—'' (p. 13). A diferencia de lo que aquí sucede, en la novela
policial las interrogantes —al servicio del código proairético— suelen
permitir, como señala Ousby, una descripción oblicua del crimen:

---

*El subrayado es nuestro.

" 'What's that? Who fired a gun or a pistol? Where was it?' " (1976, p. 106).

Coadyuva al efecto paródico, la caracterización de Clara Evelia como ex-profesora de declamación, quien contamina su defectuoso proceso de reconocimiento con la atmósfera fúnebre de la Rima LXXIII de Bécquer; la niña muerta de la Rima parece prefigurar la suerte de Gladys; ello se ajusta muy bien a las expectativas del lector, por ser el asesinato un motivo inicial predilecto de la novela detectivesca.[22] Kerr afirma respecto de la recitación de Clara Evelia: "It supplies the text with a body, a potentially criminal figure, that seems to fit perfectly into and fill the empty space created by Glady's disappearance." (1987, p. 144).

Eisenzweig (1983) ha señalado que el asesinato no es un elemento temático, sino más bien *estructural* del género policial porque sólo él puede asegurar la ausencia narrativa fundadora del relato de la investigación. El cadáver del personaje asesinado, lejos de constituir un mero elemento contingente o provocador de efectos de lectura (miedo, horror), simboliza, *concretiza* esa ausencia; dicho cadáver no es en el fondo, según Eisenzweig, sino el narrador privilegiado, pero definitivamente amnésico, de su propia historia, es decir, de la del crimen. Piensa este crítico que, desde dicha perspectiva, los diversos relatos policiales que no incluyen un asesinato deben ser percibidos como variantes, transformaciones de una ur-forma ideal y en el fondo irrealizable, puesto que la ausencia no puede ser narrada sin ser de algún modo investida de presencia. Según nuestro planteamiento, TBA, texto en el cual no ocurre con certeza ningún acto delictivo, no constituiría una variante de una ur-forma ideal, sino una transgresión del modelo canónico.

Imitando los procedimientos analíticos característicos del detective, Clara Evelia se plantea y desecha la hipótesis del rapto de Gladys: "la puerta había sido cerrada por la misma Clara con pasador, Gladys era muy precavida y no habría abierto a un desconocido." (p. 13). El enigma resulta reforzado cuando análogamente es rechazada la posibilidad tranquilizante de que Gladys hubiera salido, como tantas otras veces, a dar un paseo: en esos casos, Gladys siempre despertaba a su madre antes de marcharse; además, "Gladys nunca salía para sus caminatas sin prepararse una taza de té, y siempre dejaba todo sin lavar." (p. 14), en cambio todo estaba ahora limpio en la cocina. La observación —en este caso acuciosa— de Clara Evelia, la lleva a la siguiente inferencia que acrecentará la curiosidad del lector: Gladys ha salido extrañamente de su casa, descalza, vistiendo el tapado de piel de su madre sobre el camisón.

Requiriendo un adyuvante, Clara Evelia se dirige a la policía; en el camino surge un posible elemento indicial creador de suspenso, pero contradiciendo burlescamente al género, él es de inmediato anulado: "Clara se dio vuelta, de repente había tenido la impresión de que la seguían: un auto color crema manejado por un hombre de sombrero estaba acercándosele. Pero una vez junto a ella no se detuvo y siguió su marcha lenta hasta la esquina, perdiéndose de vista al doblar." (p. 16).

El momento en que Clara Evelia abandona su propósito de acudir a la policía y comienza a desandar el camino, equivaldría, en otro nivel, al movimiento del propio texto, que comienza a "desandar el camino" correspondiente a un canónico "roman à enigme".

La renuencia de Clara Evelia a aceptar que Gladys está enfrentada a un genuino peligro, podría entenderse a partir de lo que aparece denominado en Scheglov como "the principle of 'the new looking like the old' or 'failure to appreciate the new' " (1975, p. 67); de acuerdo a dicho principio, al surgir un nuevo e importante estado —usualmente desfavorable para los héroes— sus primeras fases, aunque perfectmente observables, aparecen como indiscernibles respecto de las manifestaciones de un estado anterior, favorable o normal, o pueden ser explicadas en el marco de dicho estado anterior; consecuentemente, los síntomas crecientes del nuevo estado negativo son interpretados tranquilizadoramente por los personajes.

El capítulo II permite al lector, a través de indudables indicios, la identificación de la víctima deseada y buscada. Como señala Kerr, "Lo que en el Capítulo I parecía demasiado terrible de imaginar es lo que hemos estado esperando todo el tiempo. La satisfacción potenciada por el Capítulo II proviene, en parte, de la realización de un deseo de ver algo demasiado terrible para ser asimilado." (1980, p. 214).

El texto enfatiza en este capítulo la atmósfera violenta propia de la novela policial, recurriendo inclusive a un curioso procedimiento de negación de elementos morbosos, que se hacen, mediante la mera mención de su inexistencia, intensamente presentes:

> En el resto del cuerpo no se vislumbran huellas de violencia, tales como hematomas violáceos o heridas con sangre coagulada roja oscura. Tampoco hay rastro alguno de violencia sexual. (p. 21).

Parodiando las esquematizaciones de la novela detectivesca, el mundo introducido aparece categorizado, e.g., lo imperceptible, lo suave, lo áspero, lo filoso, lo reluciente; abundan datos que, muchas veces —a diferencia de lo que predomina en el modelo— no cumplen una función en el código proairético; se trataría de catálisis que no llegan siquiera a funcionar como pseudo-indicios y, como sucede en BP, crean una temática vacía, e.g., se describe —como azarosamente provocado por una cadena asociativa— el ámbito de lo imperceptible:

La pérdida de agua de una canilla de la cocina produce en cambio un sonido imperceptible. También son imperceptibles la vibración del filamento, próximo a fundirse, de una lamparita encendida en el baño, y el paso de vapor caliente por la instalación calefactora compuesta de dos radiadores visibles y cañerías sueltas dentro de la pared. (p. 20).

Asimismo, la mención del piso de madera encerada, lisa y resbalosa, lleva a enumerar indiscriminadamente otras superficies suaves:

Pero la superficie más pulida corresponde a un cenicero de cristal francés. También son suaves al tacto un jarrón de cerámica pintado a mano con esmalte, la tela mezcla de seda con fibra sintética que tapiza dos sillones, los mosaicos e implementos sanitarios del baño, la piel de él en los lugares donde no crece vello —espalda, hombros, nalgas, parte del pecho— y la casi totalidad de la piel de la mujer inmóvil en la cama. (p. 20).

Obsérvese cómo, de entre esta proliferación de datos que desconciertan al lector, emerge —de modo aparentemente incidental— la imagen de la víctima, quien no es ni será, contrariamente a la verosimilitud genérica, la víctima de un crimen.

Dadoun (1983) se refiere a la importancia, tanto en el texto policial como en el psicoanálisis, de huellas percibidas bajo el ángulo de lo sórdido o de lo mórbido —huellas que corresponderían a indicios en Holmes y a síntomas en Freud—; el detective y el analista, afirma Dadoun, son capaces de interesarse por estas huellas y transformarlas en piezas de construcción, analíticas o policiales, o más exactamente, tal vez, analítico-policiales. Señalemos que en TBA, en medio del exceso informativo mencionado, no sólo dichas huellas no serán transformadas en piezas de construcción por parte de un detective —de que el texto carece— sino que ellas tenderán a diluirse y a pasar inclusive inadvertidas a la captación del lector (Piénsese, por ejemplo, en el trozo de algodón embebido en cloroformo, las ampollas, los instrumentos de acupuntura). Irónicamente, ello opera en desmedro de la representación preparada por Leo y en pro de la verdad configurada.

La clara exhibición de mecanismos asociativos parodia un rasgo propio de la novela policial. Knight (1980) ha destacado la base asociativa de la ciencia empleada por Holmes. Messac (1975) señala que las hazañas de Dupin —el héroe de Poe— como lector de pensamiento, se sustentan en la teoría asociacionista, que tiene sus antecedentes en Hobbes. Recuérdese el célebre momento de "Los asesinatos de la *rue* Morgue" en el que Dupin explica al narrador cómo ha descubierto el objeto del pensamiento de éste, basándose fundamentalmente en la teoría asociacionista. Destaquemos que, a diferencia de lo que sucede en la novela detectivesca, en la que las asociaciones permiten la comprensión de datos, en TBA las asociaciones sólo suscitan un enfático despliegue descriptivo.

La insistencia en las asociaciones, la artificialidad y morosidad en la configuración de los ámbitos categorizados, la heterogeneidad de los objetos incluidos en ellos, el *ethos* lúdico que —en nuestra captación— impregna al discurso, son causas por las cuales los objetos no provocan en TBA un efecto como el que les corresponde en el texto policial. Eisenzweig, en un diálogo mantenido con Robbe-Grillet, ha señalado que la novela policial tradicional desplaza la profundidad del personaje a los objetos, "(les indices qui, seuls, au fond, possèdent une intensité, une vie, dans le roman policier classique)" (Robbe-Grillet 1983, p. 21). Robbe-Grillet, en la continuación del diálogo, asevera que los objetos poseen en la investigación policial una especie de asombrosa presencia, como en los sueños, y agrega que esta presencia parece ser siempre más importante que el sentido (véase también al respecto, Robbe-Grillet 1965). En TBA captamos —como ya hemos señalado— la ausencia de sentido o función, pero ello no redunda en una intensidad de presencia.

El capítulo II finaliza provocando un máximo efecto de suspenso al anunciarse la incorporación de un nuevo personaje al grupo víctima-victimario. El capítulo siguiente interrumpe bruscamente la situación planteada e iniciando una prolongada analepsis, configura con extremada morosidad la vida de la víctima. Como una reacción humorística respecto de la parquedad de datos que la novela detectivesca suele otorgar sobre sus personajes,[23] la biografía de Gladys se inicia con la minuciosa descripción de la escena en que Gladys es engendrada y de los antecedentes que han llevado a esa situación.

La tendencia a la simetría que se advierte en la distribución de los capítulos, explica que el capítulo VI (doble de tres) esté dedicado a la vida del victimario; este capítulo será elaborado de modo notoriamente paralelístico respecto del tercero, lo cual se evidencia ya en algunos subtítulos; la vida de Leo, como la de Gladys, será referida desde el momento de su concepción.

El énfasis otorgado al código proairético hace comprensible el que la novela detectivesca entregue una mínima captación psicológica de sus personajes. Van Dine ha señalado como una de las reglas del género, que en la novela policial no hay cabida para descripciones ni análisis psicológicos (Todorov 1971, p. 62). Knight ha destacado el cumplimiento de dicho principio en textos de Agatha Christie: "Poirot never shows any fuller grasp of psychological process; in later novels Christie firmly rejects the approaches to crime that developed from investigating the criminal mind. As Thomas Narcejac has argued, 'psychology' has no real presence" (1980, p. 111). Según Murch (1968) el conceder más que una fugaz atención a consideraciones psicológicas en la novela detectivesca, suscitaría un cambio en la naturaleza de ésta.[24]

TBA, en cambio, es un texto que se solaza en mostrar cómo sus protagonistas están psicológicamente determinados; la exposición psicológica que brinda es, no obstante, en un primer nivel de aproximación, intencionalmente superficial y estereotípica, revelando una actitud paródica. Con demasiada evidencia Gladys aparece como víctima de un complejo de Electra, así como Leo, lo es de un complejo de Edipo (Gladys detesta a su madre; asume la estimativa de su padre, a cuyas expectativas pretende adecuarse; Leo ha substituido a su madre muerta, por su hermana Olga con quien de niño desea casarse). Gladys y Leo padecen trastornos psicosexuales (Gladys teme y desea la agresión sexual masculina; Leo necesita agredir para experimentar placer sexual). Como ha señalado Epple respecto de esta novela, "El desarrollo de la historia va convirtiendo lo policíaco [...] en un simulacro que desenmascara conflictos psicosexuales" (1974-1975, p. 47).[25]

TBA parodia la minuciosidad y la objetividad propias de la novela detectivesca por lo que respecta a la exhibición de datos, siempre en ella supuestamente funcionales, es decir, subordinados a la resolución del enigma[26] y que en este caso valen sólo como mostración de la vida íntima de la víctima, e.g., los siguientes encabezamientos que preceden a una enumeración de casos: "Desde entonces hasta su vuelta a la Argentina cuatro años después, Gladys tuvo relaciones sexuales con seis hombres en el siguiente orden:" (p. 53); "Los motivos que llevaron a Gladys a esos acoplamientos fueron los mencionados a continuación." (ibid.). La esmerada organización de los datos, advertible especialmente a través de ciertos títulos y subtítulos, e.g., "ACONTE-CIMIENTOS PRINCIPALES DE LA VIDA DE GLADYS" (p. 25), "ACONTECIMIENTOS PRINCIPALES DE LA VIDA DE LEO" (p. 92), *"Sensaciones experimentadas por María Esther cuando Leo desplaza a Gladys hacia el borde de la cama que linda con la pared* (p. 222), parodia la preocupación metódica inherente a la novela policial.[27] Un momento en el que el *ethos* lúdico surge de esta extremada organización, corresponde al capítulo VI en el que se señala: "Ciertos aspectos de la vida íntima de Leo en el interín habían entrado a una fraz estacionaria" (p. 112), comenzando el parráfo siguiente con el subtítulo: *"Faz estacionaria"*, previo al desarrollo explicativo de la misma.

Otra de las expansiones con la que TBA transgrede al modelo detectivesco es la morosa presentación de la interioridad de los actores protagónicos, lograda mediante el empleo de diferentes procedimientos: Monólogo interior de Gladys, en el que el personaje crea y evoca asociativamente experiencias amorosas, que sirven de estímulo para la realización de un acto masturbatorio, descrito en notas a pie de página (capítulo IV); por cierto que la coexistencia de distintos niveles crea, en este caso, una complejidad ajena a la novela policial. Entrevista imaginada por Gladys mientras ésta se encuentra junto a Leo dormido (capítulo VII). Divagaciones de Leo durante una visita a su psiquiatra (capítulo VIII). Enumeración de las acciones imaginarias que Leo realiza durante su insomnio (capítulo XI).

Ha sido dicho que en la novela detectivesca moderna, el detective cumple un rol análogo al del Duque en las comedias de Shakespeare: "a moral hero and a figure of power, he establishes intellectual certainties and restores the order which has previously been threatened." (Ousbi 1976, p. 21). El detective, como agente de justicia, defensor de la inocencia, campeón de la moral social dominante, constituye comprensiblemente un personaje estereotípico que satisface predilecciones paraliterarias. El conduce al lector a través del proceso de descriframiento y con él tenderá a identificarse el lector, intentando hacer gala de las mismas facultades de observación y reflexión que el detective posee.

En lugar de una investigación dirigida por un héroe-detective —que disputa su rol céntrico al criminal— TBA, privando al lector de toda ayuda, se limita a presentar información y luego de una larga y expandida trayectoria, en la que no se ofrece una sistemática progresión reflexiva, soluciona los enigmas incorporados al inicio. Dicha trayectoria resulta ser una parodia lúdica de la dinámica estática propia del funcionamiento del código hermenéutico en un texto policial (véase al respecto Barthes 1970, pp. 81-83). En lugar de experimentar placer mediante la focalización de un proceso de detección, que pone en juego sus propias facultades analíticas, el lector vivirá el desconcierto que le provoca una escritura en persistente relación de ruptura con su modelo. Dos anti-detectives son introducidos: un detective figurado, al que ya hemos aludido, Clara Evelia, notable por su torpeza y quien renuncia por último a desentrañar el enigma; un detective literal, el oficial de policía, quien es la antítesis de un detective sagaz, como se revela en su incapacidad para utilizar la información entregada por María Esther Vila y captar la complejidad de la situación.[28]

Por otra parte, la oposición clave de todo texto policial: víctima-victimario, tiende a diluirse en TBA en virtud de las relaciones de equivalencia que el texto cuidadosamente traza entre Gladys y Leo.[29] Según el desarrollo diegético, la víctima aparencial no se cumplirá como tal y los roles de víctima y victimario corresponderán al propio Leo. Con la muerte de Leo, Gladys se encuentra libre de todo peligro externo, pero surge en ella la idea del suicidio, que el personaje tiende a desear o rechazar, guiada por determinados procesos reflexivos, que el texto insistentemente destaca;[30] dichos procesos causan una intencional atenuación de la tensión que este momento del desarrollo diegético podría suscitar.

El capítulo final provoca un cambio total de temple, de disforia a euforia; el encuentro con la joven esposa impulsará a Gladys hacia la vida; surgen como imágenes reconfortantes: la relación amorosa entre la joven esposa y su marido, el niño, la torta, la leche. Estimaríamos que el texto está parodiando lúdicamente un rasgo propio de la novela detectivesca, consistente en la reinstauración de un mundo tranquilizante, una vez que el desorden transitorio ha sido superado.[31] Destaquemos que la recuperación de la armonía se logra canónicamente en la novela detectivesca mediante la resolución del enigma, es decir, mediante el tránsito de lo inexplicable a lo explicado,[32] lo cual no corresponde a la configuración ofrecida por TBA, texto que en su desenlace parece asumir otro género paraliterario ya considerado por nosotros, la novelita rosa; antecedentes de este desplazamiento son advertibles en previos momentos discursivos de Gladys, notables por su carácter extremadamente estereotípico:

> Pero si se está prisionera, enredada en la zarza, sujeta por esas dos fuertes ramas de roble ¿o brazos? que nos detienen, no resta más que esperar que la piel arda hasta consumirse... (p. 137).

> —¡ningún hombre puede respetar a una mujer que se deja tomar por asalto!, decidí en mi fuero interno— y continué debatiéndome hasta que mis brazos perdieron la fuerza. (p. 139).

> Fuerza que necesita para proteger a la mujer amada. ¿Qué sería de nosotros si en medio de la jungla el brazo potente de él no asestara el hachazo mortífero al leopardo agazapado? (p. 140).

Por otra parte, este vuelco final no sería siempre tan ajeno al género detectivesco pues novelas de Agatha Christie, por ejemplo, suelen finalizar con la unión de dos amantes, lo que sugiere la irrupción de un nuevo orden familiar a partir de la perturbación provocada por un asesinato y suscita un efecto que ha sido calificado como saludable y renovador. Veamos, como mostración de lo dicho, el desenlace de *La hora cero*:

> —Sí... Quiero estar siempre con usted, no separarme nunca de usted. Si usted se marcha, nunca encontraré nadie como usted y me pasaré sola todos los días de mi vida [...].
> El dijo dulcemente, acercándose a ella:
> —La última vez que te tuve entre mis brazos parecías un pájaro... luchando por escapar. Ahora ya no te escaparás nunca...
> Audrey dijo:
> —Nunca querré escapar. (1959a, p. 245).

Grella ha afirmado que el matrimonio o los planes matrimoniales
de la pareja adecuada, en el desenlace de la novela detectivesca, sim-
bolizan el final feliz y ordenado para cuya consecución ha trabajado el
detective. El crítico se refiere a Poirot, cuya actuación en *The
Mysterious Affair at Styles* provoca el siguiente comentario de otro
personaje: " 'Who on earth but Poirot would have thought of a trial
for murder as a restorer of conjugal happiness' " (1970, p. 44).

Aún otro procedimiento expansivo —que rompe violentamente
con el modelo policial supuestamente seguido— es la presencia, antes
del desarrollo de cada capítulo, de un epígrafe constituido por un texto cinematográfico; la atmósfera de Hollywood adquiere corporeidad
a través de la mención en cada caso de una renombrada estrella de cine
que participa en el film, e.g., Greta Garbo, Joan Crawford, Marlene
Dietrich. Estos momentos interrumpen el desarrollo de la trama y algunos de ellos entran en una suerte de lúdica relación de equivalencia
con el contenido diegético del capítulo que preceden, contaminándolo
con sus propios rasgos estereotípicos.

Epple (1974-1975), realiza una detenida comparación entre los
núcleos narrativos de cada secuencia fílmica y el de los capítulos, intentando destacar las correspondencias más significativas, aquéllas
que, a su juicio, dan cuenta de las motivaciones esenciales del aconte-
cer. Nuestro interés consiste, en cambio, en mostrar algunos casos en
los que el mero juego de equivalencias aparece como el efecto busca-
do, incorporándose éste a otros rasgos lúdicos ya señalados. El epígrafe que precede al capítulo VII muestra la pérdida que sufre una mujer,
del único hombre que ella ha querido; el capítulo diseña la felicidad
que en Gladys ha provocado su encuentro con Leo.[33] En el capítulo
IX, epígrafe y capítulo configuran la relación "protector tranquilizante"—"protegido descontrolado"; en el primer caso corresponden
estos roles respectivamente a una enfermera y a Susan Hayworth y en
el segundo, a María Esther Vila y Leo. El sexo es el tema común del
capítulo IV y de su correspondiente epígrafe, presentándose respectivamente las masturbaciones de Gladys y la imagen de una prostituta.

Como culminación de nuestro análisis, nos importa destacar que
un estudio de los códigos que adquieren relevancia en un texto policial
y en TBA, iluminaría una distinción básica entre la novela de Puig y su
supuesto modelo.[34]

El texto policial se sustenta en el desarrollo de dos códigos: el
proairético o de las acciones —al que ya nos hemos referido— y el hermenéutico o de los enigmas, que es el dominante. Estos códigos se lo-

calizan, según ha señalado Culler (1975), en el ámbito de la estructura
de la trama y rigen el reconocimiento de predicados dinámicos o funciones. En este sentido, la obra detectivesca potencia la funcionalidad
que cabe postular como propia de todo texto literario. Como ha afirmado Messac (1975), todo en la novela detectivesca debe estar organi-
zado en función del desenlace y su trama suele caracterizarse por ser
orgánica y rápida. Murch ha destacado la supeditación del personaje a
la trama en la obra policial:

> The prime essential in this type of novel is the 'puzzle-
> device', the labyrinthine trail which the author plans first
> and then camouflages for later discovery by the right per-
> son in the right way at the right time. Any attempt by a
> character to deviate from the prescribed lines would defeat
> the author's purpose and upset the whole construction of
> the story. Herein lies what is at once the strength and the
> weakness of detective fiction —that the handling of the
> plot takes precedence over all else, and that the conclusion
> must be planned first. (1968, pp. 31 y s.).

Asimismo, según Felman (1983), el texto policial está fundado, no en
la psicología o en la evolución de los personajes, sino esencialmente en
la acción, es decir en una estructura de acontecimientos, fundamental
para la estructura policial.[35]
    Sostendríamos que la condensación —privación de los códigos
sémico y simbólico— es así un rasgo propio de este género. En oposición a ello, la expansión aparece como una característica notable de
TBA. Hemos visto cómo, exacerbando el suspenso, pero también ate-
nuándolo debido al extremado uso del procedimiento, el texto se dila-
ta mediante la configuración de catálisis que no están al servicio de la
trama. TBA aparece, a este respecto, como una obra antidetectivesca
rica en predicados estáticos o indicios, que, apartándonos de la trama,
repercuten en la configuración de los personajes.

2.2.2 "LA MUERTE Y LA BRÚJULA", PARODIA DEL RELATO DETECTIVESCO

El tránsito de TBA a "La muerte y la brújula" (Borges 1956)[36]
—textos, ambos, que se configuran a partir de las convenciones detec-

tivescas— supone el desplazamiento desde una estructura desarrollada, como es la novela, a otra, por definición, acotada y breve, el cuento; ello resulta significativo en cuanto a las posibilidades de manifestación genérica. La extrema funcionalidad que, según hemos señalado,
caracteriza al género detectivesco, permite comprender que haya una
especial afinidad entre él y una forma breve, lo que ha sido destacado
por diferentes teóricos del género.[37] "La muerte y la brújula" aprove-
cha todas las posibilidades que en este sentido la forma cuento le
otorga y es un verdadero modelo en cuanto a la perfección de su diseño.[38]

    Análogamente a TBA, el relato de Borges pretende revelarse
paratextualmente desde su título; la presencia en él del lexema "muerte" y su extraña coordinación con "brújula" sugieren la pertenencia
al género policial.

    La estrategia narrativa corresponde en este caso a la anulación de
la clara separación postulada entre las dos historias distinguidas en el
texto policial, lo cual llega a su culminación en el momento del desenlace; éste configura la máxima transgresión al relato detectivesco
clásico, al violar la regla genérica concerniente a la inmunidad del detective ("On ne peut pas s'imaginer Hercule Poirot ou Philo Vance
menacés d'un danger, attaqués, blessés et, à plus forte raison, tués."
(Todorov 1971, p. 57)). La inversión básica de "La muerte y la brújula" —el aparente victimario es, en realidad, la víctima— corresponde
a una potenciación paródica de la doble inversión propia del texto policial: tránsito de aparente culpa a inocencia y de aparente inocencia a
culpa. (Véase Auden 1968).

    Cabe destacar que reconocimiento e inversión o peripecia se dan
en este relato de Borges fuertemente unidos: Scharlach se desenmascara como victimario y el giro de la acción se altera, provocando el cambio de fortuna de Lönnrot. Peripecia y reconocimiento conducen de
manera ejemplar a una "escena de sufrimiento" (tò pathos), la escena
del asesinato de Lönnrot, la que —no convencionalmente— se desarrolla ante nuestros ojos, pero, de acuerdo a los cánones del género
detectivesco, evitando todo desborde emotivo.[39] A diferencia del texto policial convencional, no hemos accedido a la reconstrucción del
crimen sino a su efectiva realización. Aún más, siguiendo la analogía
de Butor, diríamos que en una inversión del argumento edípico, Edipo
es aquí muerto por su padre.[40]

    El texto se configura ad finem mediante el discurso de un narra-
dor heterodiegético, que se asume como substituto auctorial ("Al sur

de la ciudad de mi cuento", p. 152)[41] y es poseedor de omnisciencia, facultad contrastante con la limitación cognoscitiva característica del narrador del relato detectivesco; dicha omnisciencia le permite proyectar su ironía hacia el lector, mediante la selección de los contenidos que expone y la presentación de indicios, que desde el comienzo exhibirán una verdad que el lector no puede aún entender.

El primer párrafo del relato —en el que los rasgos recién descritos del narrador son muy ostensibles— asombra por su maestría condensadora; él ofrece veladamente una síntesis de la totalidad del cuento. Las frases inaugurales del texto ostentan un carácter proclamatorio, apologético; como corresponde al género, el detective es exaltado ("temeraria perspicacia de Lönnrot", p. 143), así como lo es también este peculiar relato, que referirá el más "rigurosamente extraño" (ibid.) de los casos investigados por Lönnrot.[42] Las claves de la ya señalada ironía del narrador son las anticipaciones que éste ofrece al lector —siempre fiel al "fair play" exigido por el género— limitadas por muy intencionales paralipsis.

La mención de Auguste Dupin —el famoso detective de ciertos relatos de Edgar Allan Poe— corrobora otro rasgo genérico. Eisenzweig (1983, p. 11), ha destacado significativamente la frecuencia de referencias intertextuales en el relato policial: "Conan Doyle se réfère à Poe, Poirot cite Holmes, etc." A juicio del crítico citado, este hecho es una consecuencia de un rasgo privativo del texto policial en el campo literario moderno: dicho texto afirma por definición, *genéricamente,* no ser sino una componente del universo narrativo que él mismo elabora. Según ya hemos apuntado, MYB se asume a sí mismo como relato (Nos hemos referido al énfasis otorgado a la textualidad y a la intertextualidad, como rasgo distintivo de la escritura borgeana, en Solotorevsky 1986).

Auguste Dupin encarna con excelencia la rica imaginación y el talento analítico que caracterizan al detective del texto policial clásico. Serán estas mismas cualidades las que irónicamente conducirán a Lönnrot a acertar-errar en la dilucidación del problema y a transformarse de presumible victimario en insospechada víctima.[43] Serán aún estas mismas cualidades las que empleará sagazmente Scharlach para atrapar al detective. Pretendiendo diferenciar las facultades de ambos actores, han señalado Tamayo y Ruiz-Díaz: "Notemos, a fin de cuentas, que si bien el intelecto no defrauda a Lönnrot, descubridor indiscutible de la morfología de los crímenes, la inteligencia es, en el relato, patrimonio de Scharlach. La mente del detective funciona en el *senti-do* que el asesino prevé y dirige." (1955, p. 34).

Cabe desde esta perspectiva, captar que —según afirman Toloyan y Hayes (1981)— Lönnrot es co-autor de la creación de Scharlach y entre ambos se da una colaboración inconsciente; el victimario opera, en efecto, todo el tiempo, satisfaciendo cuidadosamente los deseos de su víctima; el momento final en el que Scharlach accede a la petición de Lönnrot sería la explicitación de este rasgo constante. Los críticos recién citados han caracterizado finamente a Lönnrot afirmando: "He is the victim of his desire, which lures him to pursue his fate to the four points of the compass." (p. 403).[44]

MYB transgrede irónicamente a su supuesto género al legitimizar las hipótesis desprovistas de vuelo imaginativo del comisario Treviranus y anular como erróneas, las del detective. Impulsado por la estrategia textual, el lector, quien comparte la ilusión que el detective posee respecto de su competencia, cae —como Lönnrot— en la trampa y desestima las afirmaciones de Treviranus; no podrá sospechar que hacia el comienzo mismo del texto, el enigma ha sido resuelto y la verdad puesta ante sus ojos:

> —No hay que buscarle tres pies al gato —decía Treviranus, blandiendo un imperioso cigarro—. Todos sabemos que el Tetrarca de Galilea posee los mejores zafiros del mundo. Alguien, para robarlos, habrá penetrado por error. Yarmolinsky se ha levantado; el ladrón ha tenido que matarlo. ¿Qué le parece? (p. 144).

En este sentido, MYB potencia la trampa que todo texto policial tiende al lector, al tratar de captar simultáneamente su interés y su ingenuidad.[45]

El procedimiento se reitera respecto del supuesto tercer crimen, al preguntar Treviranus: "—¿Y si la historia de esta noche fuera un simulacro?" (p. 150). Lúdicamente, el relato anticipa la clarividencia del comisario, reconociéndola respecto de un hecho absolutamente trivial: "Finnegan (que destinaba esa habitación a un empleo que Treviranus *adivinó*) le pidió un alquiler sin duda excesivo;" (p. 148).* El mismo Treviranus no sabe en qué grado acierta —nueva ironía del tex-

---

* El subrayado es nuestro.

to— cuando envía la carta y el plano recibidos, a casa de Lönnrot —el verdadero destinatario— estimando que éste era el "indiscutible merecedor de tales locuras." (p. 151).

La oposición entre el comisario y el detective muestra que el primero aboga por la *condensación*, rasgo que ya hemos destacado como propio de la convención policial, sustentado en la extremada funcionalidad característica de dicho género; Lönnrot, en cambio, tiende a la *expansión*, lo que el texto señala irónicamente: "el periodista declaró en tres columnas que el investigador Erik Lönnrot se había dedicado a estudiar los nombres de Dios para dar con el nombre del asesino." (p. 146). El desarrollo diegético legitimará la primera tendencia, acorde a la convención genérica; la segunda actitud y el juego entre ambas, serán un factor en virtud del cual el cuento de Borges es desautomatizante y singular. Emerge a partir de esta segunda actitud un rico código simbólico —característico de los relatos borgeanos— decisivo en la superación del modelo policial.

En la tradición detectivesca que este relato subvierte, el enfrentamiento —muy frecuente— entre policía y detective, específicamente detective aficionado, se resuelve siempre con la degradación del primero y el triunfo del segundo.[46] MYB, en cambio, irónica e implacablemente invierte las presunciones y las expectativas del detective. "Mañana viernes los criminales estarán en la cárcel; podemos estar muy tranquilos [...]. —Precisamente porque planean un cuarto crimen, podemos estar muy tranquilos." (p. 151), afirma Lönnrot, sin sospechar que al día siguiente él caerá finalmente en la trampa urdida —toda su conducta ha sido desplegada en esa dirección— y será la víctima del crimen planeado. Asimismo, Lönnrot "consideró la remota posibilidad de que la cuarta víctima fuera Scharlach. Después la desechó..." (p. 152); sólo no logró llegar al extremo opuesto y considerar la posibilidad —verdadera— de que Scharlach fuera el victimario. El relato es así doblemente irónico, al señalar el narrador en un comienzo que Lönnrot adivinó la participación de Red Scharlach. El único momento en que Lönnrot tiene una vislumbre certera, el correcto significado de ésta es absolutamente incomprendido por su propio autor: "Lönnrot sonrió al pensar que el más afamado —Red Scharlach— hubiera dado cualquier cosa por conocer esa clandestina visita." (p. 152).

El código del relato policial señala que en caso de haber más de un crímen, las víctimas subsiguientes deben ser más inocentes que la primera; es decir, el asesino debe iniciar su acción con real agravio y como consecuencia de ello, verse obligado a matar en contra de su voluntad. (Véase Auden 1968). Pero en nuestro texto, el primer asesinato es casual; el segundo se provoca como una consecuencia de él y ambos —así como el crimen fingido— son utilizados en función del último crimen, el único que verdaderamente importa, aquél cuya planificación y realización han desencadenado la acción del criminal, aquél cuya víctima suscita en el más alto grado, el agravio del asesino:

> —No —dijo Scharlach—. Busco algo más efímero y deleznable, busco a Erik Lönnrot. Hace tres años, en un garito de la Rue de Toulon, usted mismo arrestó, e hizo encarcelar a mi hermano. En un cupé, mis hombres me sacaron del tiroteo con una bala policial en el vientre. Nueve días y nueve noches agonicé en esta desolada quinta simétrica [...]. En esas noches yo juré por el dios que ve con dos caras y por todos los dioses de la fiebre y de los espejos tejer un laberinto en torno del hombre que había encarcelado a mi hermano. (pp. 154 y s.).

Todorov ha destacado que el *"roman à enigme"* tiende hacia una arquitectura puramente geométrica: *"le Crime de l'Orient-Express* (A. Christie), par exemple, présente douze personnages suspects; le livre consiste en douze, et de nouveau douze interrogatoires, prologue et épilogue (c'est à dire découverte du crime et découverte du coupable)." (1971, pp. 57 y s.). El texto de Borges potencia dicha geometría y la desplaza en su totalidad, metonímicamente, al ámbito diegético. La geometría juega un rol decisivo en las maquinaciones de Scharlach para atrapar a Lönnrot. El rombo constituye un mensaje que Scharlach persiste en enviar al detective y que éste decodificará, tal como el destinador lo pretendía ("En la pared, sobre los rombos amarillos y rojos, había unas palabras en tiza.", p. 147; "(Una de las mujeres del bar recordó los losanges amarillos, rojos y verdes [de los trajes de los arlequines.])", p. 149). El otro mensaje destinado primeramente a Treviranus y luego a Lönnrot consiste en una carta y un plano de la ciudad; la primera funda su argumento en una figura geométrica, representada en el segundo; se trata de "un triángulo equilátero y místico" (p. 151). Lönnrot estima que gracias a ese triángulo ha logrado resolver el problema: influido por los mensajes anteriores y por la palabra *Tetragrámaton* ha negado el triángulo y lo ha substituido por un rombo. La imagen del rombo emerge irónicamente cuando ya el detective ha caído en la trampa; la primera vez él aún no lo sabe; la segunda, tiene plena conciencia de su situación:

> Por una escalera espiral llegó al mirador. La luna de esa tarde atravesaba los losanges de las ventanas; eran amarillos, rojos y verdes. Lo detuvo un recuerdo asombrado y vertiginoso. (p. 154).[47]

> Lönnrot evitó los ojos de Scharlach. Miró los árboles y el cielo subdivididos en rombos turbiamente amarillos, verdes y rojos. (p. 157).

Los instrumentos de que el detective se vale para realizar su inferencia —exacta y fatal— son un compás y una brújula; esta última ha proyectado sus connotaciones geométricas desde antes de emerger el cuerpo del relato. La simetría en el tiempo y en el espacio, de los asesinatos ocurridos es clave para las inferencias de Lönnrot. La arquitectura geométrica impera en la casa de la quinta de Triste-le-Roy, abundante "en inútiles simetrías y en repeticiones maniáticas" (p. 153). Destacando esta perspectiva geométrica, la crítica (véase al respecto, por ejemplo, a Toloyan y Hayes 1981) ha prestado atención a las equivalencias existentes entre Lönnrot y Scharlach, considerados como dobles (sinonimia de los nombres de ambos, que significan rojo; cada uno comparte cualidades distintivas del otro: Scharlach, la capacidad analítica de Lönnrot; éste, la índole aventurera de Scharlach). El texto se inicia, según se ha dicho, con una muerte accidental y concluye simétricamente con una muerte planeada. El diálogo entre Lönnrot y Scharlach, que antecede a la muerte del primero, concierne a nociones geométricas:

> —En su laberinto sobran tres líneas —dijo por fin—. Yo sé de un laberinto griego que es una línea única, recta. En esa línea se han perdido tantos filósofos que bien puede perderse un mero *detective*. Scharlach, cuando en otro avatar usted me dé caza [...]. Máteme en D, como ahora va a matarme en Triste-le-Roy.
> —Para la otra vez que lo mate —replicó Scharlach— le prometo ese laberinto, que consta de una sola línea recta y que es invisible, incesante. (p. 158).[48]

El texto no agota en el triángulo y el rombo sus ostensibles juegos con los números 3 y 4, algunos de los cuales son decisivos para atrapar a Lönnrot: los asesinatos ocurren un día 3 según el calendario cristiano y un día 4, según el hebreo; hay 3 asesinatos reales y 4 aparenciales; 3 arlequines salen de "Liverpool House"; hace 3 años, Lönnrot arrestó e hizo encarcelar al hermano de Scharlach; 3 son los colores de los losanges; 4 son las letras del *Tetragrámaton*; se mencionan el Tercer Congreso Talmúdico, el Tetrarca de Galilea.[49]

Como ya hemos señalado, es un rasgo característico del género policial el enfatizar la claridad y la simpleza que emergen luego de la resolución del enigma. MYB parodia lúdicamente este rasgo cuando señala desde la perspectiva del detective: "El misterio casi le pareció cristalino; se abochornó de haberle dedicado cien días." (p. 152). Paradójicamente este texto —como la novela detectivesca canónica— finaliza con la instauración de la armonía. Scharlach logra la venganza a que se siente acreedor; el laberinto ha sido correctamente urdido: Lönnrot parece asumir su muerte como desencadenada por un juego justo y tiene la satisfacción de haber triunfado como exégeta; sólo que la fuerza triunfante es la fuerza antisocial, amenazante, convencionalmente calificada de negativa, encarnada aquí en "el más ilustre de los pistoleros del Sur" (p. 150).

Es habitual en el texto detectivesco que, una vez resuelto el problema y recuperada la tranquilidad, el detective triunfante explique detenidamente cuáles han sido sus razonamientos, en medio de comentarios admirativos de los auditores (véase Grella 1970). Consideremos, por ejemplo, las aclaraciones del superintendente Battle, en *El misterio de las siete esferas* de Agatha Christie; ellas aparecen en un capítulo titulado: "Battle explica", el que se inicia con las siguientes frases: "El superintendente Battle procedió a explicar el caso. Hablaba con voz tranquila" (1959b, p. 23); más adelante señala el detective:

> Me encontraba sin saber cómo interpretar todo aquello, cuando sucedió algo que puso las cosas en su punto. Encontré el guante quemado en la chimenea, con huellas de dientes en él, y entonces supe que no me había equivocado [...]. Preste atención y le contaré cómo, finalmente, reconstruí toda la historia [...].
> —Superintendente Battle —dijo Bundle—, es usted un hombre maravilloso. (pp. 487 y 494).[50]

Como prolongación de la inversión básica que ofrece MYB, las explicaciones aparecen minuciosamente expuestas en este texto, no por el detective, quien será, conjuntamente con el lector, destinatario de las mismas, sino por el criminal, el cual, en verdad, es aún sólo criminal potencial respecto de este caso concreto, pero se actualizará como "el asesino" cuando, finalizada la explicación, transforme definitivamente al detective en víctima y haga casi coincidente el emerger de la luz —resolución del enigma— con la ejecución del crimen.

* * *

A través del análisis realizado, el *ethos* burlesco propio de la ironía se ha revelado como el dominante en la configuración paródica ofrecida por MYB. Víctima de dicha ironía han sido —como es frecuente en el código borgeano— el lector y los protagonistas. La distancia irónica se ha hecho ostensible a través del acierto con el que la intencionalidad narrativa maniobra las convenciones detectivescas. No obstante la frecuencia con que el texto hace uso de la inversión genérica, el relato mantiene nítidamente su fisonomía policial; en él, la más acabada funcionalidad —rasgo inherente al modelo genérico— servirá como la base desde la cual el texto proyecta significados simbólicos, que contribuirán a subvertir la convención paraliteraria y a constituirlo en mensaje literario singular.

2.2.3 COMPARACIÓN ENTRE *THE BUENOS AIRES AFFAIR* Y "LA MUERTE Y LA BRÚJULA" A LA LUZ DE LOS ANÁLISIS REALIZADOS

Al relacionar estos dos textos, advertimos que TBA es más explícito en cuanto a su señalización genérica enmascarada; el relato de Borges no se autodenomina "cuento policial" si bien él denuncia —así como TBA— su carácter ficticio. En todo caso, por lo que respecta a ambas obras, el lector capta desde su primer contacto con el mundo configurado, que está frente a un texto que se presenta como policial, cuya diégesis se inaugura con un acto transgresor que se constituye en enigma.

La primera historia del texto detectivesco, ausente en TBA, resulta inextricablemente unida a la segunda en MYB, no pudiendo de he-

cho discernirse en este relato entre ambas. La vaciedad que ello pare-
cería otorgar a TBA es anulada en dicha obra por expansiones biográ-
fico-psicologistas, que cumplen una función naturalizante; dichas expansiones implican un abandono del código proairético, vertebral en
la obra policial. Las expansiones también son hallables en el relato de
Borges, pero cumplen allí una función distinta, corresponden al código simbólico y repercuten muy mediatamente en el lector; no amino-
ran la presencia del código de las acciones sino que lo utilizan como la
base desde la cual los significados simbólicos se proyectan.

Frente a la disolución desenmascaradora de los indicios en TBA,
hay un reforzamiento engañoso de los mismos —siempre desde la
perspectiva errada del detective— en MYB. En oposición a la configuración frecuente de una "temática vacía" en la novela de Puig, nos encontramos en MYB con la más estricta funcionalidad; ello otorgaría
mayor intensidad, en este último texto, al efecto de ruptura suscitado
por la revelación del enigma.

TBA y MYB se diferencian por lo que concierne al *ethos* de cada
uno de estos textos respecto al género subvertido. Predomina en el
efecto suscitado por TBA el *ethos* paródico lúdico, que se manifiesta
especialmente mediante deformaciones por hipérbole de rasgos del
modelo policial; este último aparece excesivamente señalizado al afirmarse o negarse sus convenciones, siendo dicha señalización una prolongación de la explicitación paratextual. Paradójicamente TBA se
diluye como texto policial —en la captación del lector— mucho más
que MYB, lo cual se debe en gran parte a las expansiones que implican
un apartamiento del eje proairético. En MYB, en cambio, predomina
el *ethos* burlesco de la parodia irónica; la ironía es proyectada —como
es frecuente en el código borgeano— hacia el lector y hacia los protagonistas; el distanciamiento irónico se hace ostensible en el lúcido ma-
niobrar las convenciones detectivescas por parte de la intencionalidad
narrativa.

Ambos textos juegan con las relaciones de equivalencia entre
víctima y victimario, lo que hemos estimado, desde nuestra perspectiva, como un resabio del género transgredido: la tendencia de éste a
una arquitectura geométrica.

TBA y MYB parecen finalizar figuradamente con un movimiento
conciliatorio respecto del género violado; ello en cuanto ambos clau-
suran el mundo representado mediante una situación armónica, si
bien en ninguno de los dos casos ésta corresponde a la distensión que

se provoca en el texto policial mediante la simple resolución del enigma.

2.2.4 EL TEXTO POLICIAL Y SU ÍNDOLE DE MODELO

Luego de haber analizado dos textos que corresponden a una ruptura del modelo policial, resulta de interés destacar y sintetizar el carácter paradigmático de este género, el cual —siendo paraliterario— puede funcionar como un *analogon* de la obra literaria y, en otro nivel, de la vida misma entendida como texto. Mencionaremos respecto de este tema, ciertos rasgos, algunos de los cuales han sido ya considerados, y operaremos en distintos grados de literalidad o metaforicidad.

—Dado el especial énfasis de la función de final en la obra detectivesca —función que es en ese texto, portadora del orden y de la coherencia— se evidencia en dicho género, en un máximo grado, la funcionalidad inherente a todo texto literario, rasgo éste que obliga a definir cada unidad de un relato por la siguiente, siendo la última el lugar esencial de lo arbitrario, al menos en la inmanencia del relato mismo (Genette 1969).[51]

—Todorov (1971) señala la original coexistencia en el texto policial, de una fábula (primera historia = historia del crimen) y de un sujet (segunda historia = historia de la investigación detectivesca). Sólo a partir de la segunda historia llega a ser conocida la primera; de este modo, la obra detectivesca estaría metaforizando el hecho de que toda fábula se obtiene sólo como resultado de una construcción o interpretación del sujet.[52]

—En el texto policial logra una máxima potenciación el código hermenéutico, el cual es decisivo en la configuración de toda trama. Brooks concibe la trama como una combinación del código proairético y del código hermenéutico, más exactamente una determinación del código proairético por el código hermenéutico: "The actions and sequences of action of the narrative are structured into larger wholes by the play of enigma and solution: The hermeneutic acts as a large, shaping force, allowing us to sort out, to group, to see the significance of actions, to rename their sequences in terms of their significance for the narrative as a whole." (1984, p. 287).[53]

—La obra policial muestra en muy alto grado el carácter convencional, artificioso de la literatura. El relato policial es introducido como siendo esencialmente no espontáneo, pues, como señala Eisenzweig, en él, la narración existe (como relato de la investigación) sólo en la medida en que ella es problemática (como relato del crimen); se anula así, en la obra detectivesca, toda ilusión relativa a una supuesta naturalidad o espontaneidad de la narración: "caractérisé par le désir frustré de raconter (l'absence, le crime) et racontant cette frustration (c'est à dire l'enquête), le récit policier indique sa propre narration comme ayant une *raison d'être* précise, cette raison étant déterminée, contextualisée par la diégèse elle-même." (1983, p. 11).

—La figura del lector, el acto de lectura y de interpretación están tematizados en el texto policial. Afirma al respecto Felman: "puisqu'il incombe donc au détective —accompagné du lecteur— d'*interpreter* les donées lacunaires pour en *déchiffrer* l'histoire, c'est à dire pour trouver —mais seulement à la fin— la position de savoir qui permette de raconter l'histoire en tant que récit classique, le policier met en acte la lecture et thématise la figure du lecteur à l'intérieur même de son récit. Ce faisant, le récit met en scène l'interprétation comme question: comme question de sa propre incomplétude." (1983, p. 24).

El texto policial activa en su desarrollo diégetico el mecanismo de exclusión inherente al acto de lectura, correspondiendo en dicho texto a lo no eliminado o excluido, la categoría de verdad.[54]

—Considerando la posible analogía existente entre la trama de la obra y la trama de la vida —desarrollada por Brooks (1984) a partir de su lectura de Freud[55]— cabe, sobrepasando el ámbito de lo puramente literario, estimar al texto detectivesco —con su enfática tendencia al final y la acusada presencia en él de hermeneutemas que constituyen un desvío respecto del fin— como *analogon* de la trama de la vida.

2.3 *LA MISTERIOSA DESAPARICIÓN DE LA MARQUESITA DE LORIA* O LA FRUSTRACIÓN DE LO ERÓTICO

La misteriosa desaparición de la marquesita de Loria (Donoso 1980)[56] es un texto que se configura engañosamente oscilando entre dos géneros: uno, el erótico, al que aparenta pertenecer hasta bastante avanzado el relato y otro, el fantástico, que destrona al primero y otorga su unidad a la novela.

La estrategia textual corresponderá así a un juego de sucesivos desocultamientos, tardíamente captados por el lector, que el flujo del relato se encarga de encubrir hasta el momento en que la novela se desenmascara genéricamente.

Situándonos en el paratexto, advertimos que el título corresponde a un momento de revelación genérica, puesto que los términos: "misteriosa", "desaparición", conectan ya al lector con el ámbito de lo extraño, de lo maravilloso o de lo fantástico; pero desde el comienzo del texto hasta bastante avanzado el desarrollo diegético, el interés del destinatario será desplazado hacia la zona erótica que logrará —intencionalmente— atraerlo pero no provocarle el efecto de fascinación que suele caracterizar al relato erótico.

Tal como al referirnos al texto policial, escogimos como modelo a la novela detectivesca clásica, por cumplirse en ella con pureza y extremamamiento las características del género, elegiremos ahora un modelo que cumpla análogas condiciones respecto a la erótica; corresponderá éste a la que ha sido denominada *"hard-core" pornography,* cuyas convenciones se encuentran así definidas: "A book which is designed to act upon the reader as an erotic psychological stimulant ('aphrodisiac') must constantly keep before the reader's mind a succession of erotic scenes [...]. The characteristic feature in the structure of 'obscene' books is the *buildup of erotic excitement* in the course of the text." (Kronhausen 1964, p. 220).[57]

El punto de partida del narrador para la configuración de la isotopía erótica es la oposición explícita e irónicamente configurada entre licencias y prejuicios, libertades y reglas; dicha antítesis nos sitúa en el ámbito propiamente erótico, respecto del cual ha señalado Bataille: "El conocimiento del erotismo, o de la religión, requiere una experiencia personal, igual y contradictoria, del interdicto y de la transgresión." (1979, p. 53). Bataille entiende que el erotismo, en su conjunto, es infracción de la regla de los interdictos.

La frivolidad irónica del planteamiento en el que el narrador —desde la perspectiva de la marquesita— enuncia esa oposición ("vestidura bajo la cual nada costaba ejercer otras libertades que, a condición de acatar ciertas reglas, toda dama civilizada, como ella lo era ahora, tiene derecho a ejercer.", p. 12) augura ya la eliminación de la angustia en las diferentes transgresiones cometidas por la marquesita; paradójicamente, pero siendo ello comprensible tanto desde el punto de vista de la estructuración genérica aparente como de la verdadera, estas transgresiones —si bien gratificantes— tampoco suscitarán la culminación del placer.[58]

Ironía, humor, frivolidad, serán en esta novela, actitudes distanciadoras y desautomatizantes persistentemente empleadas por el narrador personal, en virtud de las cuales se atenúa la inmersión hipnótica del lector en lo erótico, presagiándose sin que el lector lo perciba, la futura anulación de dicha isotopía y el desplazamiento genérico a que ya nos hemos referido. Un ejemplo de actitud lúdica es advertible, desde la perspectiva de nuestro análisis, en las ilustraciones correspondientes al paratexto, las que en lugar de consistir en imágenes exacerbadamente eróticas, como convendría al género aparente, configuran castas ilustraciones extraídas de *La Esfera,* fundamentalmente connotadoras de superficialidad.[59]

Desde el comienzo del texto, se ofrece la reducción del mundo a facetas puramente eróticas, rasgo propio del género aparente. Según ha afirmado Charney (1982), el rasgo más destacado de la ficción erótica es su cabal sexualización de la realidad; toda percepción es erotizada y el mundo llega a ser un teatro para la realización de deseos sexuales.[60]

La marquesita viuda planifica su futuro atendiendo sólo a "aquello que más placer podía procurarle." (p. 12), entendiéndose, por cierto, "placer" en el sentido específico y restringido de placer sexual; mientras tanto se dedica a actos masturbatorios "como ejercicio de su propia libertad y disfrute de sí misma." (ibid.); ella ya ha sido iniciada en los juegos eróticos desde su infancia en el Caribe. En la configuración analéptica que se remonta hasta el origen de la relación de Blanca con Paquito Loria, el narrador destaca —como antes lo hiciera la facultad selectiva de Blanca— el tamaño del sexo del marquesito ("atributos tan bien proporcionados como férreos" (p. 14); "se dio cuenta que los atributos del marqués habían crecido hasta convertirse en algo seguramente insuperable: —Es lo que he soñado toda mi vida." (ibid.)). Se ajusta a este respecto MDM con precisión a las convenciones de la erótica, pues las fantasías concernientes al tamaño del pene constituyen un *leitmotiv* de dicho género. El hombre es sinecdóquicamente concebido como pene y este último adquiere omnipotencia. E. y P. Kronhausen señalan que la adoración pagana del sexo parece haber encontrado refugio en la pornografía y citan algunos ilustrativos ejemplos presentes en el corpus por ellos considerado:

"Oh, Freddie... It's much... too big!" [...].

Bella fingered the gigantic penis... her hands couldn't go around his member... It stood like a bar of iron in her soft hands. (1964, p. 264).

La escena en la que Blanca y sus padres, en compañía de Paquito, Casilda Loria y el conde de Almanza, contemplan la ópera *Lohengrin* de Wagner en el palco del Real, inaugura una modalidad que se reiterará hasta cierta parte del texto: la culminación de la escena corresponde a un momento erótico —que el lector aprenderá a esperar— al cual los elementos previamente diseñados están subordinados. El clímax erótico logrado por cada escena otorga a éstas cierta aparente autonomía, pareciendo así la novela satisfacerse en cada unidad y no desarrollarse en función de una unidad última, determinante de toda la trama. MDM se mostraría así como una novela de espacio, en la que el estrato estructural predominante estaría constituído por una diversidad de espacialidades; se postularía, de este modo, la apertura de un mundo múltiple y abierto en el que opera como principio constructivo, el carácter de mosaico, la adición.[61]

No obstante lo señalado, cabe destacar que, a diferencia de lo que sucede en la *"hard-core" pornography*, se desarrolla en MDM, una trama, es decir, una serie de acciones a las que corresponde un orden secuencial y lógico, e.g., Paquito y Blanca se atraen físicamente, contraen matrimonio, Paquito muere. En el modelo erótico, en cambio, la autonomía de las escenas tiende a ser mayor, debilitándose la relación consecutivo-consecuencial. Como ha afirmado Michelson, en dicho género, la historia es sólo una excusa para incorporar una serie de descripciones sexuales: "The characteristic narrative of "hard-core" pornography consists in a series of sex scenes more or less inventively described [...]. The action, in E. M. Forster's terms, is all *story* and no *plot*. Plot requires a sense of causality, both immediate and cosmic. But in this form all causality is the same — the mythos of animality. Everything sharing the same cause, there is no need to represent anything other than its effects, carnal pleasure in various modes." (1971, p. 28). Siguiendo a Genette (1969) entenderíamos la causalidad —anulada en el texto erótico— como el enmascaramiento que recubre a la funcionalidad, que también sería en este caso inexistente.

En la escena antes señalada, la progresiva actividad erótica alterna humorísticamente con la contemplación estética:

Blanca presionaba su mano con ese muslo, ofreciéndole el

tierno animalito que lo aguardaba agazapado entre ese
muslo y el otro, allá en el fondo al que era necesario llegar
mientras las arias de amor incomparable se sucedían unas a
otras en escena (p. 22).

Comprendiendo la sugerencia del programa enhiesto, con
la mano libre se buscó a sí mismo, soñando que la caricia
que Blanca le prodigaba al programa se la estaba prodigan-
do a él, para así alcanzar un éxtasis de amor paralelo al de
Elsa y Lohengrin a orillas del río de Brabante. (p. 26).

La confusión de Casilda, quien atribuye al placer estético lo que
corresponde al placer erótico y el *voyeurisme* de Almanza[62] intensifican el efecto humorístico de la escena y repercuten en el lector impi-
diendo, como anunciábamos, que éste sucumba a la fascinación sexual.
     La impotencia inesperada de Paquito, sólo diestro en retozos
amorosos, se aleja de los rasgos canónicos del texto erótico, en el cual
se elimina todo aquello que disminuye el cumplimiento sexual, por
consiguiente, la impotencia y la frigidez; MDM asume así en este momento la categoría de una parodia burlesca respecto de su modelo. In-
tratextualmente la ironía se configura a través de la frustración de expectativas de Blanca y Paquito por lo que respecta al "momento en
que el amor total pudiera atravesarlos" (p. 16).
     La muerte de Paquito deja a Blanca en la situación de libertad y
disponibilidad que el texto erótico requiere ("durante esos cinco meses
que duró su matrimonio Blanca no soñó con otros hombres, como
había soñado antes y como habría de soñar después", p. 34). Restrin-
giéndose al mero ámbito erótico, la marquesita asume que "su propio
destino sería conocerlo todo" (p. 46), enunciado que nos traslada irónica y subrepticiamente del género erótico al género fantástico, ya
paratextualmente sugerido. La ironía de la novela se manifiesta en este
momento, además, en la enfática caracterización del mundo como
claro, previsible y manejable, rasgos que el imperio de lo fantástico
anulará.
     El encuentro de Blanca con Archibaldo es estructuralmente deci-
sivo en la configuración de la ruta amorosa de la marquesita pues el
pintor, como objeto del deseo de Blanca, impulsará a ésta a otras relaciones eróticas que son, en mayor o menor grado, desplazamientos
substitutivos de la relación anhelada. Este último rasgo corresponde

estrictamente al modelo; como ha señalado Sontag, "the pornographic imagination tends to make one person interchangeable with another and all people interchangeable with things." (1970, p. 53).

Con el fin de satisfacer la excitación que Archibaldo le ha producido, Blanca tiene su primer acto sexual, el que irónicamente se realiza con un anciano ("Sí, la apaciguaba el aroma de vejestorio de don Mamerto, como de almidón añejo o de papel amarillento.", p. 62). El contraste entre la edad avanzada del personaje y su eficacia sexual, provoca un efecto humorístico, el cual resulta acrecentado por cuanto en el nivel fónico dicho antropónimo evocaría la imagen del niño (Mam = mamar) y del muerto (erto). El discurso del narrador potencia la ironía desplegada al señalar, refiriéndose a don Mamerto, "él se quedó perfecta y repentinamente quieto como si quisiera prolongar todo esto llevándoselo a la eternidad," (p. 64) pues la metáfora ha sido diegéticamente realizada y el personaje ha muerto.

La necesidad de ampliar el espacio erótico —desde el punto de vista diegético y genérico— pero también de vivir una experiencia de iniciación previa a su encuentro con Archibaldo, conducen al agresivo contacto entre la marquesita y el conde de Almanza, relación que permitirá el desencadenamiento de una faceta esencial a la erótica, cual es la violencia; ella se manifestará en este momento lúdicamente atenuada mediante la configuración de una violación primeramente consentida —deseada— y luego realizada figuradamente por el personaje femenino:[63]

> Si Almanza quería algo que se diera el trabajo de violarla
> […]

> Cuando el pavor que la tornó exánime —no podía ser otra cosa— la hizo relajar sus maravillosos muslos, el conde la penetró con una de sus famosas embestidas, sintiendo la espléndida golosura con que ella lo devoraba. (pp. 90 y s.).

> Y fue Blanca quien violó al conde en ese mismo instante, sobre la alfombra de Bokhara junto al diván. (p. 98).

Bataille ha profundizado la relación entre violencia y erotismo, mostrando que el campo del erotismo es esencialmente el campo de la

violación: "¿Qué significa el erotismo de los cuerpos sino una violación del ser de los participantes, una violación que confina con la
muerte, que confina con el asesinato? [...] Toda la actuación erótica
tiene como principio una destrucción de la estructura del ser cerrado"
(1979, pp. 30 y s.).[64]

Correspondiendo al modelo canónico y como otra manifestación
de violencia, surge en este momento, el empleo de un lenguaje procaz:
"puta, cursi, entrometida... ¡Qué se creia esta americana de
mierda...!" (p. 90).[65]

Importa enfatizar que hasta este momento de su ruta, el sexo no
otorga la satisfacción deseada a la marquesita ("Porque a pesar del
placer, todo había sido un engaño. Igual a Paquito. Igual a don Mamerto...", p. 97); ello no obstante la relación con el conde fuera aparentemente vivida como una experiencia satisfactoria: "a ambos les
pareció una versión perfectamente satisfactoria del infinito." (p. 91).
Dicho discurso engaña al lector y es irónicamente configurado por el
narrador, quien incorpora a él elementos indiciales —desaprovecha-
dos en una primera lectura— que sugieren el no acceso a la plenitud
("les pareció", "versión" = mera traducción o forma que adopta la
relación de un suceso). Esta insatisfacción que emana desde la historia, parece impulsar el desplazamiento de la novela desde el género
erótico, enmascarador, al que genuinamente le corresponde.

Como posible culminación del erotismo, la llegada del perro
—Luna— haría esperar la unión sexual entre él y Blanca, pero, precisamente entonces, el texto burlará las expectativas del lector, desvián-
dose diegética y genéricamente. Obsérvese cuan profundamente im-
pregnado de erotismo está el discurso que refiere el comienzo de las relaciones entre la marquesita y el animal: Luna "se abalanzó sobre ella,
saltando y besándola sin gemir" (p. 103); "lamiéndole cariñoso la
cara y resoplando sobre ella con el tierno morro peludo, la gran lengua
de papilas enormes lamiéndole los brazos, los hombros desnudos, las
manos." (p. 107); "y al encontrarse se abrazaban, prodigándose
mutuas caricias, revolcándose juguetones en la cama, besando su tibio
belfo peludo." (ibid.).

Blanca se dirige aún plena de expectativas a su encuentro con Archibaldo, expectativas que el lector comparte y que el texto estructuralmente justifica, por corresponder aparentemente a dicho personaje
una categoría céntrica en el diseño erótico. La exaltada descripción
que el texto ofrece, haría pensar que Blanca halló por fin el definitivo
objeto de su deseo:

> Y Archibaldo cayó sobre ese cuerpo dulce y lozano y
> suave que había estado oliendo y acariciando y saborean-
> do, penetrándola hasta esa hondura que jamás se creía ca-
> paz de contener más que cuando la penetración reiteraba
> su conciencia de ella [...].
>   Y al decirlo estalló, estremecido, repletándola, y ella,
> frenética, aunó su espasmo al suyo. Luego un placer inde-
> pendiente y prolongado fue abriéndose y floreciendo en
> Blanca porque Archibaldo se mantuvo fuerte dentro de
> ella hasta que ella saboreara el último eco de ese largo pla-
> cer que jamás se volvería a repetir igual a éste. (pp. 128 y
> s.).

La culminación lograda es, sin embargo, sólo aparencial, fundada en las experiencias limitadas hasta ahora vividas y aun dentro de
este ámbito, al ser comparado más adelante con Almanza, Archibaldo
queda en inferioridad de condición; "Almanza parecía poseer algo
que le faltaba a Archibaldo" (p. 151). Archibaldo no es verdaderamente el actor céntrico que creíamos, sino él mismo es mero substituto
del perro Luna, a quien se vincula metonímica y metafóricamente.[66]
   La relación con Luna alcanza un momento climático en el que la
violación parece inminente —a Blanca y al lector— siendo sin embargo dicha posibilidad anulada:

> La mantenía clavada de espaldas sobre la cama con el peso
> de sus poderosas patas, en un vértigo de terror que le impe-
> día recuperar el aliento para defenderse: sólo dejarse des-
> nudar por aquellos colmillos sanguinarios, y quemar por
> ese belfo ardiente, y ahogar por ese hocico hediondo que
> resoplaba. No podía gritar. Yacía casi inconsciente bajo la
> bestia que le fue arrancando no sólo el vestido blanco y el
> jersey, sino la blusa, la falda, las bragas, el corpiño, hasta
> dejarla desnuda y gimiendo. Durante un segundo creyó
> —no temió porque veía esas dos gotas de luna transparente
> mirándola— que el perro iba a violarla (pp. 142 y s.).

El sexo no podrá servir de elemento vinculatorio entre Blanca y
Luna, lo cual pone en evidencia que lo erótico ha cedido su sitio a lo
fantástico.
   En un posterior encuentro con Almanza, frases de éste justifican

la actualización de diferentes posibilidades pertenecientes al género erótico. Afirmó el conde "que iba a proporcionarle todas las emociones imaginables si ella era capaz de resistirlas, de no ruborizarse, de ser una mujer verdaderamente civilizada y no extrañarse ni escandalizarse de nada" (p. 154), a lo cual la marquesita declaró estar dispuesta a todo. Esta invitación y la correspondiente respuesta, constituyen una convención del género; véase, a modo de ejemplo, otra realización de la misma:

> Pero ahora es el momento en que se decida libremente.
> ¿Está dispuesta a experimentarlo todo?
> —¿Todo? —preguntó Emmanuelle, circunspecta [...].
> —Todo, ni más ni menos—, dijo Mario, extrañamente conciso [...].
> Ella hubiera preferido amarse a solas con Mario [...]. Pero estaba resuelta a no oponerse a ninguna exigencia. (Arsan 1975, pp. 169 y s.).

La promesa de Almanza excita la fantasía del lector, quien se prepara a presenciar la actualización del repertorio previsible en la *hardcore pornography*, e.g., seducción, desfloración, incesto, la figura materna o paterna permisivo-seductora, la profanación de lo sagrado, machos super-sexuados, mujeres ninfómanas, negros y asiáticos como símbolos sexuales, homosexualidad, flagelación, contactos bucogenitales, masturbación recíproca, acto sexual anal, sexo en grupo, relaciones sexuales con animales.[67] Esta serie de incitantes posibilidades resultará anulada en su efecto, en virtud de una toma de conciencia de Blanca: "Era como si algo en ella se hubiera agotado para siempre, o estuviera en otra parte, tal vez en un frío astro remoto." (p. 155). Se advierte así que el agotamiento de lo erótico genérico tendrá su correlato en el agotamiento sexual del actor protagónico. Este —víctima de la fascinación que ejerce lo fantástico— experimentará sólo aburrimiento frente a las posibilidades realizadas por Almanza (formulación de procacidades que operan como afrodisíaco, homosexualidad, sexo en grupo, caricatura sexual), las que podrían corresponder al momento culminante en la construcción de la tensión erótica cel texto. Asimismo, la marquesita quedará luego indiferente a las incitaciones lesbianas de Casilda. Agotamiento e indiferencia son aquí indicios de una búsqueda conflictiva en la que Blanca está emotiva y existencialmente involucrada, búsqueda ésta que, así como se configura en el texto, es de suyo extraña al modelo pornográfico.

La perfecta conjunción de lo fantástico y lo erótico corresponderá al momento en que Blanca se une a Mario, el mecánico, bajo la mirada de Luna;[68] el predominio de lo fantástico queda asegurado cuando Blanca abandona a Mario en el auto y sigue a Luna.

El desenlace del texto muestra la desaparición de la marquesita, augurada en el título; dicha desaparición inexplicable no ocurre como suspensión de la discontinuidad individual provocada por el erotismo —según la visión de Bataille— sino bajo el imperio de lo fantástico, género que definitivamente se ha impuesto como rector y unificador del mundo configurado.

La desaparición de la marquesita adquiere el carácter de acontecimiento final —los otros diseñados como posteriores cumplirán la función paratextual de epílogo— y a él le corresponde ser la unidad determinante de la totalidad del relato, al que otorga estructuralmente principio, medio y fin; en virtud de este acontecimiento final —lugar esencial de lo arbitrario en la inmanencia del texto— las unidades que nos parecían antes provistas de una cierta autonomía, como pertenecientes a una configuración espacial, se revelan ahora en clara relación de concatenación. Nos encontramos así estructuralmente en la antítesis de la erótica, cuyo desenlace suele aparecer desprovisto de necesidad interna; como señala Sontag, en la novela erótica, "The most common procedure has been to end in a way that lays no claim to any internal necessity." (1970, p. 63).[69]

El trabajo textual desplegado por MDM nos ha conducido desde un género paraliterario —el erótico— hasta un género que podríamos estimar como literario por excelencia —el fantástico— en cuanto a que la esencia de este último supone la ambigüedad,[70] siendo ésta una de las categorías que nos ha permitido diferenciar el fenómeno literario del paraliterario.

NOTAS

1. Puig ha explicado esta denominación del siguiente modo: "Como la palabra 'folletín' está tan desprestigiada, se me ocurrió que poniéndola debajo del título ya obligaba al lector a una lectura crítica especial, a no esperar 'literatura' con mayúscula; advertirle que venía a una cosa distinta..." (Sosnowski 1973, p. 73).

Asimismo, Puig ha puesto de manifiesto su intento de rescatar a través de su trabajo literario, algunas características del folletín que le han parecido válidas y de desechar otras ("El folletín por entregas y el serial", 1984).

Refiriéndose a BP, Puig afirma: "Elegí el folletín como género literario porque se adecuaba a la historia que tenía para contar. Por supuesto que primero encontré el tema; en una segunda etapa elegí la forma de narrarlo. Tomé el folletín por su estructura, muy atenta al interés narrativo; además son propios del folletín los personajes esquemáticos y la emotividad, elementos con que me interesaba trabajar." (Rodríguez Monegal 1972, p. 25)

Puig inclusive señala en la entrevista recién citada, su deseo de haber publicado BP por entregas semanales en una revista, lo cual en Buenos Aires no resultó posible.

2. Por lo que respecta a BP, la crítica ha entendido el término "folletín" en un sentido muy lato o ha concedido primacía alternativamente a uno de los dos géneros que señalamos, e.g., Sarduy (1971) expone, como mostración del folletín, fragmentos de novelitas sentimentales; Andreu (1983) considera, en cambio, propiamente el folletín.

3. Sue manifiesta lucidez al afirmar respecto de Les mystères de Paris, que dicha obra es: "un livre mauvais du point de vue de l'art mais que nous maintenons n'être pas un mauvais livre du point de vue moral." (Mystères de Paris. Journal des Débats, 8 février 1843, citado por Atkinson 1929, p. 25).

4. Puig se ha referido a dicha función en una entrevista que le hiciera Ronald Christ:

Christ: Are your books recognized in Argentina as social criticism?
Puig: Yes, I think they are but not very openly. You see, I think that if you deal with reality and if you choose a more-or-less good, let's say representative, example of reality, an expressive example, then the criticism is implicit. (Christ 1977, p. 53).

5. Iser se refiere al folletín como una forma literaria que hace especial uso de la técnica de indeterminación, al ser entregado al lector en dosis cuidadosamente medidas: "The serialized novel uses a cutting technique. It interrupts the action usually where a certain tension has been built up that demands to be resolved, or where one is anxious to learn the outcome of the events one has just read about. The dramatic interruption or prolongation of suspense is the vital factor that determines the cutting, and the effect is to make the reader try to imagine the continuation of the action. How is it going to go on? In asking this question, we automatically raise the degree of our participation in the further progress of the action." (1971, p. 16).

6. Refiriéndose a Les mystères de Paris, afirma Eco: "Les Mystères is related, not to those narrative works which we may define as showing a constant curve (where the various elements of the plot are woven more and more closely together until a climax of tension is reached —at which point the denouement intervenes to break and resolve this

tension), but to those we may describe as of *sinusoidal structure*: tension, resolution, renewed tension, further resolution, and so on." (1983a, p. 132).

7. Nuestro planteamiento no coincide con el de Manuel Puig, quien estima que cada capítulo de BP finaliza en un momento crucial: "So suspense and romance had to be emphasized, each chapter had to end at a crucial moment." (Christ 1977, p. 54).

8. Benítez señala la frecuencia en las novelas de Ayguals, de la pregunta: "¿Cuál será la solución de este cruel enigma?" (1979, p. 174).

9. Aludiendo a pasajes en tercera persona de BP, Puig ha señalado: "me interesaba justamente llevar la crispación de esa tercera persona —del deseo, del ansia, del afán de objetividad de esa tercera persona—, llevarla a su última consecuencia, para demostrar su falsedad. Entonces son pasajes de una frialdad, de un distanciamiento que... se vuelven cómicos." (Corbatta 1983, pp 614 y s.).

10. Se refiere a "temática vacía" Hamon (1972). Véase también al respecto, a Culler (1975, pp. 193 y s.).

11. "A first analytic distinction may be made between texts that insistently evoke the presence of the inscribed audience, and correlatively of the narrator (these texts belong to the category of what E. Benveniste has called *discours*), and texts that tend to efface the presence of both audience and narrator (Benveniste's category of *histoire*, where 'no one is speaking and the events seem to narrate themselves')" (Suleiman 1980, p. 15).

12. En *Les mystères de Paris*, la miseria y la imprudencia conducen a Fleur-de-Marie a la prostitución; pero en la medida en que el personaje descubre el bien, toda su vida estará destinada —infructuosamente— a expiar su pasado.

13. "la movilidad social que todavía Moratín en *El sí de las niñas*, considera peligrosa, adquiere en las novelas de Ayguals otro carácter. Las clases son ahora estructuras dinámicas; el ascenso es la tendencia innata del individuo progresista." (Benítez 1979, p. 103).

14. Sarduy (1971) ha mostrado cómo en BP el folletín interior esquematiza metafóricamente e invierte parcialmente, a la acción primordial del folletín-continente.

15. Observemos el desenlace de otra novelita, que corresponde a la misma estética señalada:

> Y ellos estaban, cada día más enamorados [...].
>
> —Nadie sospecha que nos queremos tanto —decía con frecuencia Betsy apretada en el goce de los brazos de su marido [...]. ¿No te causa un placer infinito este secreto nuestro?
>
> El se lo decía en los labios, en aquellos besos que eran tan viejos y para ellos siempre resultaban nuevos.
>
> —Es la razón de mi vida, Betsy. ¿No lo entiendes así? La razón de mi vida. (Tellado 1976, p. 96).

16. Por cierto que este momento de BP, concerniente a la Raba —personaje de clase

social baja— entra en contraste con otros dentro del mismo texto, e.g., Mabel "Fue al baño y rehizo su maquillaje. Se perfumó con la loción francesa que más atesoraba. Se puso el púdico camisón de batista con manga corta," (p. 70).

17. En adelante, nos referiremos a este texto con la abreviatura TBA y al citarlo, señalaremos el número de la página junto al momento citado.

18. Puig ha afirmado respecto de esta novela: "Tiene cierta forma de novela policial. Empieza por un delito, y la investigación correspondiente. Me gustaría adoptar cierto rigor de la novela policial, pero como yo, a medida que voy escribiendo, modifico la estructura inicial, no puedo prometer nada." (Rodríguez Monegal 1972, p. 35).

El término "affair" —o sus correspondientes traducciones— suele incluirse en los títulos de novelas policiales, e.g., The Mysterious Affair at Styles de Agatha Christie. El desarrollo de una novela policial corresponde a la resolución del "affair".

El hecho de que la novela de Puig ocupe el término inglés en lugar del español "caso", incorpora a la obra un rasgo exótico, como el texto mismo enfatiza en el momento en que dicho título emerge especularmente en él:

R: ¿Qué le parece "Gladys Hebe D'Onofrio está en el cielo"?

G: Me parece un título realista y acertado. Pero a sus lectores dirijámonos en un lenguaje chic e internacional, "The Buenos Aires affair" será el título. (p. 123).

En cuanto al topónimo "Buenos Aires", él resulta genéricamente comprensible por ser el ámbito cerrado de la ciudad, el predilecto de la novela detectivesca. Como ha señalado Messac (1975), la novela policial encuentra su requerida complejidad y variedad sólo en una sociedad moderna, en la que la concentración de la población en espacios relativamente reducidos, estimula el juego entre perseguidores y perseguidos.

19. Se esfuerza por destacar la distinción entre "roman policier" y y "detective novel", Messac (1975). Murch (1968) identifica ambos términos señalando que "romans policiers" es la denominación empleada en Francia respecto de historias de crimen y detección, con o sin la presencia de un héroe policía. El término "detective story", afirma Murch, fue acuñado en Estados Unidos y hacia 1890, los términos 'detective novel' y 'detective story' pasaron a ser usados tanto en Estados Unidos como en Inglaterra.

20. Kerr hace referencia a otro crimen: la escena criminal-sexual en la que Gladys pierde su ojo: "What we see at the end is Gladys, who remains alone to consider suicide in Leo's apartment. She is in search of something she never names and we never see. That final search, moreover, certifies that the investigation of an originally criminal-sexual scene is not yet concluded." (1987, p. 171). Según nuestra lectura, el texto no se plantea como tarea suya, la dilucidación de ese acto.

La escena del crimen ha sido considerada como una representación simbólica de la escena primordial (*the primal scene*), pasando el lector a ser ambos, el detective que se esfuerza por comprender y el criminal, y siendo la víctima, el padre contra quien se sustentan sentimientos edípicos negativos (véase Rycroft 1968).

Si aceptáramos esta interpretación psicoanalítica, diríamos que en TBA, el asesinato escamoteado en la trama, habría sido desplazado como escena primordial a la interioridad de los personajes protagónicos, quienes están acuciados por una necesidad de persistente búsqueda sexual.

21. Puig ha afirmado que Clara Evelia "inconscientemente, desea que esa hija se muera y deje de provocar problemas, deje de sufrir." (Corbatta 1983, p. 602).

22. "'A murder occurs': this is the beginning, and the verb is well chosen. Nothing leads up to the murder in the province of detection; it occurs inexplicably. There are variants: a death may occur, which later turns out to have been murder. This death is the initial shock that sets the action in motion. Barzun sees this function as almost exclusive: 'The reason why murder animates most detective story-telling is that the gravity of the deed gives assured momentum. Crime. moreover, makes plausible the concealment that arouses curiosity.' This may be true in the shorter story, but in the detective novel the murderer also establishes the philosophical framework from the start. We are in a social world, where evil is man-made. The question of death is clearly set apart from murder, which is the real problem. The characters' quarrel is with human reality, not with God or nature, or even themselves." (Charney 1981, p. xx). Auden, por su parte, ha señalado: "Murder is unique in that it abolishes the party it injures, so that society has to take the place of the victim and on his behalf demand atonement or grant forgiveness; it is the one crime in which society has a direct interest." (1968, p. 149).

23. Refiriéndose a este aspecto, señala Knight: "A few details are given, and a general summary of the person's nature suffices [...]. We wait for each character to be given its brief notation —charming, efficient, nervous, servile and so on." (1980, p. 124).

24. Resultan sugestivas las insistentes menciones a la psicología —entendida ésta en su sentido más superficial— hallables en textos de Agatha Christie. Veamos cómo dichas menciones se acumulan en una sola novela:

> —¿No tiene usted una idea muy anticuada de los detectives? —preguntó Juana—. Las pelucas y barbas postizas ya no están de moda. Hoy día, los detectives se sientan a la mesa y estudian los casos en su aspecto psicológico.
> —Para eso no han de esforzarse mucho. (1965, p. 56).

> —Tal vez el autor del crimen sea una persona dotada de un sentido humorístico pervertido —notó Fournier pensativamente—. En estos casos es muy importante tener una idea de la psicología del criminal.

Japp se sonrió al oír la palabra psicología, que le disgustaba y en la
que no creía.

—Eso es lo que le gusta oír a Monsieur Poirot —dijo. (p. 74).

—¡Ah, sí! La flauta... Me interesan mucho estas cosas desde el punto
de vista psicológico, ¿comprende?

Mister Ryder hizo una mueca a la psicología y a todo aquel maldito
galimatías del psicoanálisis.

Poirot se le hizo sospechoso. (p. 183).

25. Echavarren analiza a TBA como un texto psicoanalítico y afirma: "La novela es
'detectivesca' en lo que tiene que ver con la criminalidad del protagonista, Leo, pero la
solución no queda en manos de la policía, sino que consiste más bien en una interpretación de los conflictos psíquicos suyos y de Gladys en términos de las claves psicoanalíti-
cas que proporciona el mismo relato. El psicoanálisis oficia así al mismo tiempo como
instrumento de crítica (de la sexualidad argentina u occidental) y como dador de sentido
que vuelve inteligible la narración." (1977, p. 147).

26. Señalemos como ejemplo del rasgo apuntado, el capítulo VIII de la novela antes
citada de Agatha Christie, titulado "La lista de objetos", si bien esta información es
despectivamente calificada en el texto mismo:

James Ryder
"*Bolsillos.*—Pañuelo de hilo marcado con una J. Cartera de piel de cerdo, siete bi-
lletes de una libra esterlina, tres tarjetas de comerciantes [...]."

"*Maletín.*—Un fajo de papeles referentes a la dirección de cementos. Un ejemplar
de *Bootles Cup* (prohibido aquí). Una caja de "Botiquín de Urgencia"."

Doctor Bryant
"*Bolsillos.*— Dos pañuelos de hilo. Cartera con 20 libras y 500 francos. Cambio
suelto de moneda francesa e inglesa. Memorándum. Pitillera. Encendedor [...]." (1965,
p. 87).

27. "—Si se estudia un problema con orden y método, no hay dificultad alguna en re-
solverlo... —afirmó Poirot, severamente." (Christie 1965, p. 168).

28. Kerr emplea el término "detective" en un sentido más amplio que el que nosotros
le adjudicamos y lo indentifica con intérprete, lo que la lleva a afirmar: "De esta manera la novela, que ha eliminado al detective como personaje, lo resucita en cuanto a que
sus funciones están distribuidas entre los personajes restantes. Como lo hemos sugerido, la madre de Gladys, María Esther, y ahora el psiquiatra de Leo son investigadores
de alguno u otro calibre." (1980, p. 226).

29. Ya hemos señalado la común complejidad psicosexual de ambos actores. Gladys y
Leo obedecen a mensajes internos, que modifican su conducta suscitando consecuencias

negativas. Ambos son frecuentes asistentes al cine y al teatro. Ambos requieren compañía pues juzgan la soledad como defectuosa. Los dos recurren a barbitúricos para dormir y temen mezclarlos con alcohol. Ambos padecen de dolores de cabeza como consecuencia de actos masturbatorios.

El tratamiento que el texto ofrece de estos personajes, tiende a poner en relieve estas equivalencias, e.g., títulos y subtítulos ya señalados; reiteración de determinadas fórmulas: "Años después Gladys habría de recordar ese período —verano de 1948— como el más feliz de su vida." (p. 37) y respecto de Leo: "Fueron las semanas más felices de su vida." (p. 116).

30.   "dio lugar a razonamientos varios, los cuales, en términos resumidos, fueron los siguientes:" (p. 240).

"Sus razonamientos sucesivos, en términos resumidos, fueron los siguientes:" (p. 241).

"Sus razonamientos sucesivos, en términos resumidos, fueron los que siguen:" (p. 244).

31.   Kerr ha señalado muy lúcidamente la índole clausurante que respecto del texto tiene esta escena final: "The novel opens with a mother in search of a daughter whose body cannot be found; it closes with the image of both a daughter in search of a mother and a female body that seems to return to the place from which it is originally missed." (1987, p. 183).

32.   "the duration of the story (its reading) is the time we must wait for the pieces to fall into place; the intensity of the 'mystery' is voided by our awareness of that mystery's transitoriness." (Grossvogel 1979, p. 15). "what crime literature offered to its readers for half a century from 1890 onwards was a reassuring world in which those who tried to disturb the established order were always discovered and punished." (Symons 1972, p. 18).

Sherlock Holmes se refiere a la claridad y normalidad que el mundo logra luego del descubrimiento del asesino, señalando: "'The whole course of events' [...], 'from the point of view of the man who called himself Stapleton was simple and direct, although to us, who had no means in the beginning of knowing the motives of his actions and could only learn part of the facts, it all appeared exceedingly complex." (Doyle 1971, pp. 164 y s.).

33.   Epple (1974-1975) señala el capítulo VII como un caso en que el epígrafe pone de manifiesto la actitud de los personajes respecto de la realidad; según él, este epígrafe presenta la concepción del amor que sustenta Gladys.

Intentando una captación más dinámica de la relación entre epígrafe y capítulo, pensaríamos que el epígrafe, cumpliendo una función prefiguradora, ilumina la ironía con que el relato impregna a las siguientes frases de Gladys: "Sí, que cuando él se despierte le diré... que lo quiero, que de ahora en adelante su voluntad será la mía. El hasta ahora me ha juzgado como fría y altanera, y por eso ha creído necesario tanto ímpetu. Cuando me conozca tal cual soy, me querrá más aún." (p. 141).

34. Respecto del concepto "código", véase Barthes 1970 y 1973b. Es interesante en relación a este concepto barthiano, el tratamiento que ofrece Culler en el capítulo 9 de su *Structuralist Poetics* (1975).

35. Llama la atención que Kayser ubique a la novela policíaca en el ámbito correspondiente a textos estructurados por el personaje. Kayser señala que la "narración larga llamada 'novela policíaca' se desarrolla, en primer lugar, a base de la ampliación de los acontecimientos que constituyen el argumento." (1954, p. 565) y luego destaca —refiriéndose al surgimiento de dicha novela— que Poe introduce al detective como medio técnico para solucionar el enigma, siendo este detective convertido en "personaje" por Conan Doyle. La presencia de este personaje, pensamos, no lo convierte necesariamente en estrato estructurante.

36. En adelante, nos referiremos a este texto con la abreviatura MYB y al citarlo, señalaremos el número de la página junto al momento citado.

37. "Ce nous doit être seulement une occasion de remarquer que les meilleures histoires de ce genre sont généralement assez courtes [...]. Nous entrevoyons dès maintenant que le genre s'accomode mal d'une longueur excessive;" (Messac 1975, p. 9, n. 1).

"Qui ne voit que les courtes nouvelles où paraît Sherlock Holmes sont bien supérieures aux romans bâtis autour du même personnage, et que les dits romans n'atteignent la longueur voulue qu'en s'alourdissant d'éléments parasites." (Messac 1975, p. 332).

"Barzun, in his Introduction to *The Delights of Detection,* readily admits that in his view, the novel form diffuses the strength of the detective puzzle, whose elegance of design is best preserved in short and concentrated works." (Charney 1981, p. xvii).

38. Ciertamente que la brevedad cumple, además, en este texto, como en los otros de Borges, otras significativas funciones. Murillo (1968) ha destacado que la brevedad corresponde en los cuentos borgeanos a una deliberada compresión, la que operando violentamente sobre el contenido, produce significados simbólicos.

Este no es, por cierto, el único relato de Borges que utiliza al género policial como modelo. Murillo ha señalado respecto de los cuentos de Borges: "Furthermore, the stories are elaborated precisely, even painfully, within the standard and traditional norms of the short story or the detective story." (1968, p. 120).

La presencia en MYB del detective que busca la solución del enigma, constituiría a este texto en especialmente canónico.

39. Respecto de estos elementos estructurales propios de la tragedia griega presentes en el texto policial, véase Hartman (1975).

40. "El detective es el hijo del matador, es Edipo, no solamente porque resuelve un enigma sino porque mata a aquel a quien debe su título y sin el que no existiría como tal (sin crímenes, sin oscuros crímenes, ¿como podría mostrarse?)" Butor (1958, p. 231).

41. Tani ha considerado el aspecto metaficcional de lo que él denomina novela antidetectivesca: "So we have a 'book conscious of its bookness' " (1984, p. 72). La trama detectivesca es estimada como uno de los modelos de la metaficción por Hutcheon (1984), siendo según dicha crítica, uno de los factores que contribuyen a ello, el alto grado de autoconciencia del texto detectivesco. Se refiere, también, al uso de la historia detectivesca en metaficción, Waugh (1984).

42. Este uso hiperbólico es también convencional, e.g., "there are points about this case which promise to make it an absolutely unique one." Doyle (1951, p. 1).

43. Respecto de la posibilidad de leer MYB a la vez como una parodia lúdica y una reescritura seria de la ficción detectivesca de Poe, especialmente de "La carta robada", véase Bennet (1983).

No concordamos, por no parecernos fundada en el texto, con la interpretación de Carroll, según la cual en otro avatar, Scharlach se transforma de victimario en víctima: "In a second reversal of roles in the last minute, Scharlach becomes the pursuer pursued, exchanging roles with Lönnrot" (1979, p. 337). Nos parece que Lönnrot es absolutamente sincero y no urde una trampa cuando, llevado por su pasión analítica, plantea su proposición a Scarlach. La apariencia de la utilización de la paradoja de Zenón sobre Aquiles y la tortuga, a la que Borges es tan afecto, obedecería a una intencionalidad lúdica tendiente a crear confusión. Paradojas de ese tipo se basan en una cantidad infinita de puntos; el discurso de Lönnrot describe sólo el comienzo de un proceso similar al de la paradoja de Zenón y lo detiene al limitarlo al cuarto punto.

44. Los críticos citados se esfuerzan por mostrar que el método de Lönnrot peca por irracional:

> Lönnrot's chosen method is, in fact, a most *un*reasonable one, predicated upon a spurious clue (the discovered sentence) and built up with tidbits of information found at random in Hebraic and Hassidic texts. The very few books he finds, however, cannot include the thousands of textual commentaries and works of Hebrew theology and Jewish history of which Lönnrot has no knowledge and which he will never see [...]. Lönnrot lacks a background in Hebrew theology, but nonetheless pursues a 'rabbinical' investigation while disregarding his professional experience as a detective. (1981, p. 400).

Adopta la misma actitud Rubman (1973), quien, deseoso de demostrar que Lönnrot es un artista, lo caracteriza como un pobre lógico, juicio que hace extensivo a Dupin.

Nos parece que esta captación peca por imponer al texto un verosímil realista, que ejerce un efecto deformante: en el mundo configurado, Lönnrot emerge —según hemos señalado— como un brillante razonador y así debe ser asumido en la lectura, sin distorsionarlo en virtud de criterios extraliterarios.

Alazraki realiza una adecuada captación de Lönnrot al afirmar:

> Lönnrot, the 'pure logician' of 'Death and the Compass,' carries these books off to his apartment, 'suddenly turning bibliophile and Hebraic scholar' (A, 67). Borges could as well have said 'Kabbalist,' since Lönnrot attempts to solve the mysteries of the seemingly ritualistic murders in the same manner that a Kabbalist deciphers the occult mysteries of the Scripture. (1972, p. 244).

45.   "tout roman policier tend un piège au lecteur dans la mesure où il tâche de capter, de celui ci, tout à la fois *l'intérêt* et *la naïveté*: tout roman policier constitue donc, en quelque sort, une école de soupçon, dont l'instruction est un avertissement contre la lecture naïve." (Felman 1983, p. 32).

46.   "Another legacy from Vidocq is the general assumption, sometimes expressed in detective fiction, that the regular police are inept, inefficient and resentful of the gifted amateur, without whose aid they would seldom bring an investigation to a successful conclusion. Poe's Dupin endorsed the idea by the ease with which he out-classed the Prefect G-, in *The Purloined Letter,* and his thinly veiled scorn for the same official expressed in the final paragraphs of *The Murders in the Rue Morgue* [...]. It is surprising how long this idea persisted, and even when detective fiction came to accept the convention of a friendly 'working partnership' between an amateur detective and the official police, the amateur was still the leading figure." (Murch 1968, p. 46).

47.   Según Murillo, en este momento Lönnrot tiene la intuición de que él es la víctima del inevitable cuarto crimen. "The men pounce on him as if they materialized from that intuition provoked and symbolized by the lozenges." (1968, p. 189). Pensamos que el texto no otorga fundamentos suficientes para esta interpretación.

48.   Carroll (1979) analiza la lógica geométrica imperante en MYB y sus relaciones con un modelo del pensamiento geométrico renacentista.

Eco se refiere al laberinto clásico lineal: "There are three types of labyrinth. The first, the classical one, was linear. Theseus entering the labyrinth of Crete had no choices to make: he could not but reach the center, and from the center the way out. That is the reason by which at the center there was the Minotaur, to make the whole thing a little more exciting. Such a labyrinth is ruled by a blind necessity. Structurally speaking, it is simpler than a tree: it is a skein, and, as one unwinds a skein, one obtains a continuous line. In this kind of labyrinth the Ariadne thread is useless, since one *cannot* get lost: the labyrinth itself itself is an Ariadne thread." (1986, p. 80).

49. Respecto de la significación simbólica del tres y del cuatro, véase, por ejemplo, Jung (1975). Considera específicamente los aspectos simbólicos de MYB, Frank (1975).

50. Obsérvese un ejemplo de otro texto de Agatha Christie: "Siéntese —le dijo Poirot—. Aún no he terminado. Quiero exponerle paso a paso cómo llegué a mis conclusiones." (1965, p. 242).

51. Potenciando la importancia de la función del final en literatura, afirma Brooks: "It is at the end —for Barthes as for Aristotle— that recognition brings its illumination, which then can shed retrospective light. The function of the end, whether considered syntactically (as in Todorov and Barthes) or ethically (as in Aristotle) or as formal or cosmological closure (as by Barbara H. Smith or Frank Kermode), continues to fascinate and to baffle." (1984, p. 92).

52. "it means that the fable is not a phenomenon which is logically prior to the subject, rather it follows after it. The fable is a pure construction thought up by the reader." (Todorov 1973b, p. 18).

Asumiendo la dirección opuesta, Brooks (1984, p. 97) ocupa la imagen del detective que reconstruye las huellas del criminal, para mostrar que en narrativa, el sujet repite a la fábula.

53. Según señala Barthes (1970), la dinámica del texto en el que hay una actuación del código hermenéutico es paradójica; se trata de una dinámica estática: el código hermenéutico se esfuerza por mantener al enigma en su vacío inicial mientras que el discurso impulsa al avance de la historia. Para detener, el código hermenéutico hace uso de morfemas dilatorios o hermeneutemas; la verdad, el orden, están al cabo de la espera y suponen la clausura. Esta dinámica refleja con la mayor fidelidad la estrategia propia del género detectivesco.

54. Este principio de exclusión es claramente mostrado en el esquema general de lectura propuesto por Segre (1975), según el cual respecto de la frase actualmente leída, las frases precedentes constituyen una síntesis memorística de la que se *excluyen* las posibilidades no desarrolladas en la escritura, quedando aún para el lector posibilidades abiertas, que terminarán por cerrarse en la lectura de la última frase.

55. "As Sartre and Benjamin compellingly argued, the narrative must tend towards its end, seek illumination in its own death. Yet this must be the right death, the correct end. The complication of the detour is related to the danger of short-circuit: the danger of reaching the end too quickly, of achieving the im-proper death." (Brooks 1984, pp. 103 y s.).

56. En adelante, nos referiremos a este texto con la abreviatura MDM y al citarlo, señalaremos el número de la página junto al momento citado.

57. Respecto a la pornografía como frecuente modelo paródico, véase Hutcheon (1985, p. 82).

58.   Por lo que respecta a la estructuración genérica aparente, recuérdese que, según Bataille (1979), la sensibilidad para la angustia es una condición de la experiencia erótica y, por consiguiente, del placer.

Marcus —partiendo de la distinción freudiana entre instintos vitales y mortuorios— se refiere a la pornografía como un ejemplo particularmente rico de coexistencia de impulsos incompatibles, lo cual le permite explicar la particular índole de la literatura erótica: "a literature obsessed with pleasure and yet unpleasurable, whose aim is said to be pleasure, although it is a pleasure from which the actuality of gratification is excluded, and whose impulse toward totality is the equivalent of obliteration." (1977, p. 182).

59.   Como ha señalado Ricardo Gutiérrez Mouat (1983), hay momentos de obvia articulación entre ciertas ilustraciones y el dcsarrollo diegético de los correspondientes capítulos, e.g., las ilustraciones que preceden al capítulo primero y al último; añadamos que lo mismo cabría afirmar respecto de la ilustración carnavalesca que antecede al capítulo 2.

Provocando un efecto de desautomatización, ya en el capítulo 3 la ilustración no se vincula al texto que la sigue sino se encuentra conectada con una frase del capítulo 5: "Se sentó al borde de su cama inmunda" (p. 174), habiendo ciertamente una relación de antítesis entre la atmósfera refinada de la imagen visual y la descrita por la frase. Asimismo, suscitando un efecto de desplazamiento, la ilustración previa al capítulo 4 —el cual culmina con la configuración de la relación sexual de la marquesita y Almanza— anticipa el posterior encuentro sexual entre Blanca y Archibaldo (capítulo 6), al que Blanca se presenta vistiendo traje de tenis. La ilustración que precede al capítulo 7 exhibiría a Blanca siendo atendida por su doncella Hortensia; el comienzo del capítulo destaca inversamente el propósito de Blanca de prescindir de los servicios de su doncella.

60.   En el mundo pornográfico, señala Michelson, "Sex becomes the metaphor for being." (1971, p. 4). A su vez, Sontag afirma: "The universe proposed by the pornographic imagination is a total universe. It has the power to ingest and metamorphose and translate all concerns that are fed into it, reducing everything into the one negotiable currency of the erotic imperative. All action is conceived of as a set of sexual *exchanges*." (1970, p. 66).

61.   Respecto al espacio como estrato estructurante, véase Kayser (1954).

62.   "In pornography the peeper is either a figure of fun or is brought in to provide an added fillip for the reader through his excitement." (Loth 1961, p. 205).

63.   E. y P. Kronhausen (1964) se refieren a textos pornográficos en los que las mujeres son las agresoras y los hombres los seducidos, caso en el cual las "víctimas" masculinas suelen ser tan fácilmente "persuadidas" como lo son las mujeres cuando cumplen dicho rol en los otros textos de ese género.

Observemos, además, por lo que respecta al rol dominante de la marquesita, que la total entrega a ella aparece como suscitadora de muerte; rasgo éste, por cierto, también vinculable al género fantástico.

64.   En relación a la anulación de la estructura del ser cerrado, Bataille ha destacado el desnudarse como la acción decisiva en la actuación erótica: "La desnudez se opone al estado cerrado, es decir al estado de existencia discontinua. Es un estado de comunicación, que revela la busca de una continuidad posible del ser más allá del replegamiento sobre sí. Los cuerpos se abren a la continuidad por esos conductos secretos que nos dan el sentimiento de la obscenidad." (1979, p. 31).

MDM enfatiza la desnudez de la marquesita bajo su vestido: "la faldita de *crêpe marocain* que la brisa de la primavera ceñía a sus caderas cuyas formas no velaban ni enaguas ni bragas," (p. 48); "Blanca no dejó de percibir la deleitada sorpresa de esa mano al comprobar que no llevaba bragas y encontrarse con la piel satinada de sus caderas," (p. 80). En esa intermitencia entre desnudo y vestimenta se daría, según Barthes (1973a), lo propiamente erótico.

65.   Según Marcus (1977), es posible comprender la presencia de palabras tabú en la pornografía, por haber retenido dichos términos su fuerza original y no haberse disociado de los impulsos inconscientes en que se originaron.

A su vez, E. y P. Kronhausen (1964) estiman que la principal atracción de esos términos reside en que constituyen un desafío al "super-ego", una violación a las convenciones sociales del discurso cortés, la imposición del aspecto primitivo, instintivo de la vida en oposición a las fuerzas reductoras e inhibidoras del medio.

66.   La relación de dobles existente entre Archibaldo y Luna corresponde de lleno al género fantástico. Por lo que respecta al discurso erótico, acreditan esa relación las siguientes instancias: La no agresión sexual inmediata de Archibaldo, la que al principio provoca la desilusión de la marquesita, equivale a la no violación de Blanca por parte de Luna; en ambos casos hay un esperado desencadenamiento de violencia que no acaece. Rasgos atribuídos a Archibaldo, algunos, como expresión del deseo de Blanca, corresponden en un mayor grado de literalidad a Luna: "su risa revelaba una lengua poderosa, y dientes grandes, mojados, carnívoros" (pp. 56 y s.); "del vigor de esa lengua hurgando en vértice hasta el delirio, de esos dientes mordiéndole cruelmente el vello empapado del pubis, del calor de esos resoplidos" (p. 57); "Se había desvanecido en ella esa primera desilusión de que él no se echara de inmediato sobre ella para devorarla como un lobo" (p. 124).

Señalemos que, a partir del discurso, el texto propone también a Almanza como doble de Luna: "Rabia de sentirse humillada, utilizada, abusada, como si dientes ávidos estuvieran mordiendo su bella carne que tanto la enorgullecía: Almanza. Sí, Almanza. Al localizar su rabia con precisión, el nombre del conde había saltado automáticamente a su conciencia." (p. 83).

(Respecto de la importancia de la relación de dobles en el código donosiano, véase Solotorevsky 1983, Cap. 2.1.2).

67.   La primera parte de la lista incluyendo el término "flagelación" corresponde a convenciones genéricas señaladas por E. y P. Kronhausen (1964).

Por lo que respecta a actos sodomíticos con animales, cuya posible ocurrencia es concebida por el lector de MDM, señala Griffin: "Pornographic images of women in coitus with animals make up a secret museum of classic art. Mel Ramos, the famous painter of pinups, has a series of pinups with animals: a woman smiling serenely while an anteater performs cunninlingus on her, a woman penetrated by a kangaroo, a nude woman on the back of a walrus. In a series of offset prints by Mario Tauzin, a woman, the inevitable finger in her mouth, raises her leg to a fox terrier." (1981, p. 25).

Análogas imágenes no podrían estar ausentes en la obra de Sade: "Wishes to see a woman discharge after having been frigged by a dog; and he shoots the dog dead while its head is between the woman's thighs."; "In a similar basket he places a woman who receives a bull's member in her cunt." (1982, p. 604).

68.   Afirman E. y P. Kronhausen (1964) que los grupos sociales bajos son concebidos en el modelo pornográfico como estando más cerca de lo animal e instintivo en el hombre.

69.   Extremando el planteamiento expuesto, Marcus (1977) sostiene que la novela pornográfica ideal carecería de final por estar desprovista de completación o gratificación.

70.   Propio de lo fantástico es su ubicación irresuelta en el límite de dos géneros: lo maravilloso y lo extraño (Todorov 1972).

Marcus (1977) ha señalado que la duda, la ambigüedad, la incertidumbre, que aumentan las posibilidades de significado, se oponen a las intenciones de la pornografía y en dicho contexto sólo sirven como distracciones y excrecencias.

CAPITULO 3

INCORPORACION DE MICROTEXTOS PARALITERARIOS A ESTRUCTURAS LITERARIAS

3.1 *LIBRO DE MANUEL*: INSERCIÓN DE MICROTEXTOS PERIODÍSTICOS Y PUBLICITARIOS

Libro de Manuel (Cortázar 1973)[1] presenta un caso radical por lo que respecta a la relación entre macrorrelato y microtextos a él incorporados, dado que la naturaleza esencial del macrorrelato y de los microtextos difiere, correspondiendo al primero un discurso ficticio, constituido por frases auténticas imaginarias, representadas por pseudofrases y a los segundos, un discurso real, constituido por frases reales auténticas;[2] media pues entre ambos la distancia aparentemente insalvable que hay entre lo imaginario y lo real.

Así como en el macrotexto literario prima como función dominante, la poética, en los microtextos periodísticos, la función dominante es, por definición, la referencial. Cabe, sin embargo, destacar que al ser ubicados en el contexto ficticio, cumpliendo una clara función ideológica, la función dominante de estos textos periodísticos cambiará, cediendo la función referencial su lugar preeminente a la conativa; esta última será de suyo la dominante en los microtextos publicitarios incorporados a la obra.[3]

Por otra parte, la descontextualización de los textos periodísticos y su incorporación a una nueva estructura puede provocar alteraciones intencionales en la orientación de la función conativa, función ésta de reconocida importancia en la prensa, a la que no puede adjudicarse neutralidad ideológica, no obstante su reconocida pretensión de objetividad.[4] Un ejemplo evidente de ello es el constituido por un artículo

105

relativo a la compra de aviones franceses por parte del gobierno argentino: "LE GOUVERNEMENT ARGENTIN S'APRÊTE A ACHETER 14 MIRAGE FRANÇAIS" (p. 333); el microtexto adquiere otra dimensión significativa y su función conativa se proyecta en una diferente dirección al suscitar y encontrarse en relación de contigüidad con el siguiente comentario de Lonstein: "En fin, pensar lo que cuesta un bife a mi vieja en su casita de Río Cuarto y estos ñatos tiran cuarenta y nueve millones de dólares, pero vos te das cuenta, cuarenta y nueve millones de dólares en aviones para asustar a los brasileños." (ibid.). El entusiasmo patriótico que el artículo pudo originalmente haber provocado, cede lugar, de acuerdo a la intencionalidad del texto, a una toma de conciencia de la futilidad e inadecuación de la resolución gubernamental. Cabe destacar que, en virtud de la claridad ideológica de LM, cada artículo incorporado al macrotexto será valorado de acuerdo a una estimativa precisa y polar, suscitando aprobación o condena.

La respuesta más obvia que surge al preguntarse por el sentido que posee la incorporación de momentos reales en un texto ficticio, es la que aduce una intención verosimilizante: todo el texto debería, supuestamente, impregnarse del valor de realidad inherente al discurso incorporado; este planteamiento asumiría especial significación en el caso de una novela como LM que se autoasume como demostrativa, didáctica, ejemplarizadora, manifestaciones de una función conativa intensamente activada. Y, efectivamente, el texto hace explícita su apetencia de verosimilitud a través del discurso de el que te dije, primer constructor de LM, quien pretende trascender la literatura como un tributo a la garantía de verdad, una verdad sin auxiliares ni mediatizaciones:

> date cuenta, carajo, que una cosa es describir estéticamente aunque no se falte en nada a la verdad, y otra *esto*, quiero decir extraer el erotismo y demás concomitancias de la estética, porque si lo dejás ahí seguís en la literatura, te facilitás el juego, podés decir o contar las cosas más increíbles porque hay algo que te sirve de cortina o de coartada (p. 231).[5]

Pero ya por lo que respecta a esta tendencia verosimilizante, puede señalarse un incumplimiento o frustración del texto respecto de un deseo suyo, un no logro, que constituirá un paradigma con otros incumplimientos o frustraciones que LM plasmará.[6]

En un nivel teórico cabría ya concebir que la intromisión de la realidad en la ficción no coadyuva al efecto de *mostración* naturalizante. Si pensamos en el lector herméticamente encerrado en el ámbito de un texto, cortadas durante el lapso de lectura todas sus conexiones con la realidad, podremos entender que las instancias reales infiltradas ejercerían un efecto de ruptura y debilitamiento del hermetismo logrado, hermetismo que estimamos necesario para que la obra pueda proyectar su facultad reveladora o desocultante.[7]

Ha considerado adecuadamente este aspecto, Pope al señalar que los documentos incorporados a LM, provocan "Un aplanamiento de lo verídico sin que por ello se enriquezca fundamentalmente lo ficticio." (1974, p. 174). Pope cita a Lukács, quien ofrece un argumento relevante a este respecto: "Resulta por completo indiferente, si los rasgos individuales habían aparecido en la realidad empírica en la misma combinación, la probabilidad incluso parece estar opuesta —prescindiendo de excepciones especialmente felices— a que en la realidad empírica puedan ocurrir combinaciones de rasgos individuales de tal manera que mostrasen rasgos continuos, que dejasen ver con claridad la feliz unión de lo esencial, las fuerzas impulsoras y que a la vez fuesen sensibles y concretos." (Pope 1974, p. 175).

Veamos cómo LM actualiza esta imposibilidad teórica y evidencia que los microrrelatos reales no verosimilizan al texto ficticio que los contiene, contradiciendo la novela con esta comprobación, su propio deseo. Desde la ideología que impregna al texto surge un factor en virtud del cual la trama diseñada se resistirá al efecto de naturalización; se trata de la actitud lúdica que domina en el macrotexto y es estimada como elemento necesario de la revolución integral postulada, ello en tal grado que los revolucionarios que se resisten al espíritu lúdico son censurados y apenas bosquejados. Este carácter lúdico impedirá que descripciones eminentemente disfóricas de los microtextos contaminen con dicho temple a la novela. La "historia de nuestros días" (p. 7) será presentada en los microrrelatos mientras que el macrotexto enfatizará —como acción y como apetencia— la capacidad vital y lúdica ya denotada en el nombre de la organización revolucionaria: la Joda. Son portavoces de esta actitud, Lonstein y el que te dije; la cuestiona y la predica, Andrés; Marcos y Ludmilla la encarnan.[8]

Por otra parte, la oposición aparentemente irreductible entre ficción y realidad, resulta atenuada si se adopta la perspectiva actualmente difundida, según la cual el artículo periodístico no sólo es necesariamente no objetivo —pudiendo la objetividad ser estimada como una mera estrategia ritual (véase al respecto Tuchman 1971-72)— sino que esencialmente no refleja a la realidad, siendo ésta, en cambio, sólo cognoscible por medio del discurso. En este sentido, señala Hackett: "So language (and the media) must be regarded as a structuring agent, rather than a neutral transmission belt which can refer directly to a world of non-discursive objects." (1984, p. 236). Asumiendo la misma actitud, Roeh y Feldman distinguen una perspectiva construccionista versus una aproximación objetivista para encarar las noticias, adhiriendo a la primera y señalando la inconsistencia de la segunda: "For many years, the idea that human beings construct their own reality has held a central position in social thought (Kuhn, 1962; Berger and Luckmann, 1966). One wonders how it is that journalists —those historiographers of the present— tend largely to ignore this fact. Even today, it is common practice among journalists to defend their presentation as 'the facts, all the facts, and nothing but the facts', and to denounce academics' claims of a *rhetoric* of facts, a *rhetoric* of objectivity (Roeh *et al.,* 1980) [...]. Not only journalists, but also the public at large tends to cling to the belief that whatever is printed in the newspaper is a fact of life —'I read it in the newspaper'. Facts, in short, are still taken very often to be *aspects* of the world, not *statements* about the world. This is surprising, since, as Michael Shudson (1978) tells us, the tendency to question naive empiricism and naive objectivity started as early as 1920." (1984, pp. 347 y s.).[9]

Paradójicamente, no obstante la función demostrativo-ideológica adjudicable a los microtextos periodísticos en LM, el texto postula —coincidiendo con el planteamiento que recién hemos expuesto— que la realidad es constituida y no reflejada por la prensa; esto lo hace a través de la mención del discurso de Lonstein —personaje portador de verdad—: "si eso no estuviera escrito no sería, este diario es el mundo y no hay otro, che, esa guerra existe porque aquí vienen los telegramas," (p. 33).

En un nivel más convencional y contradictorio respecto a la perspectiva que acabamos de señalar, la novela cuestiona la veracidad de la información periodística: "andá a saber si el boquete no estaba ya abierto, si realmente las muchachas se habían escapado por un terreno baldío regado de luna llena, corriendo frenéticas hacia la tapia," (p. 164). Asimismo, se mencionan "las noticias de los diarios fabricadas a

pura muñeca" (p. 164), el periodista que "puso tantos extremos que
no te deja ver el medio." (p. 82), y ya en una postdata del Prólogo se
hace una referencia a los *mass media,* aludiéndose a su capacidad enajenante, ello respecto de un momento ideológicamente muy significativo: "Una vez más entra en juego el masaje a escala mundial de los
mass media. No se oye, no se lee más que Munich, Munich. No hay
lugar en sus canales, en sus columnas, en sus mensajes, para decir, entre tantas otras cosas, Trelew." (p. 9). Por cierto que —a modo de
bumerán— esta crítica resultará también efectiva respecto de los
artículos periodísticos que la novela incorpora, y ello en detrimento de
la ideología que el texto proclama.[10]

Continuando con la exhibición de paradojas o incumplimientos
del texto, observemos que LM se niega a sí mismo al reaccionar contra
el didactismo en literatura; no importa que en el discurso que a continuación citamos, la obra bosquejada difiera estéticamente de la novela de Cortázar ni que en ésta el texto intente desplazar la función didáctica a los microrrelatos:

> tanta novela donde a cambio de un relato más o menos
> chatón hay que pasar por conversaciones y argumentos y
> contrarréplicas sobre la alienación, el tercer mundo, la lu-
> cha armada o desarmada, el papel del intelectual, el impe-
> rialismo y el colonialismo [...] cuando todo eso, 1) es des-
> conocido por el lector, y entonces el lector es un pánfilo y
> se merece esa clase de novelas para que aprenda, o 2) es
> perfectamente conocido y sobre todo encuadrado en una
> visión histórica cotidiana, por lo cual las novelas pueden
> darlo por sobreentendido y avanzar hacia tierras más pro-
> pias, es decir menos didácticas. (p. 252).

La valoración recién expuesta implica la imposibilidad de la convergencia de la literatura y el planteamiento crítico de problemas de la
realidad, convergencia que LM se propone y que es así señalada metafóricamente: "hoy y aquí las aguas se han juntado" (p. 7).

Situándonos en un nivel extratextual, las múltiples vacilaciones y
contradicciones de Cortázar parecerían constituir una base para la
contradicción recién mentada. En "Casilla del camaleón", Cortázar
rechaza una ideología sin contradicciones y afirma: "Sólo los débiles
tienden a enfatizar el compromiso personal en su obra [...] cualquiera
sabe que habito a la izquierda, sobre el rojo. Pero nunca hablaré

explícitamente de ellos, o a lo mejor sí, no prometo ni niego nada."
(1968, p. 213). En "Literatura en la revolución y revolución en la literatura: algunos malentendidos a liquidar", Cortázar defiende aquella
literatura que "teniendo clara conciencia del 'contexto sociocultural y
político', se origina sin embargo en niveles de creación en los que lo
imaginario, lo mítico, lo metafísico (entendido literalmente) se tradu-
cen en una obra no menos responsable, no menos insertada en la realidad latinoamericana, y sobre todo no menos válida y enriquecedora
que aquella más directamente vinculada con el tan esgrimido 'contexto' de la realidad histórica." (1971, p. 57).

En LM, Cortázar viola la promesa no formulada en "Casilla del
camaleón" y la estimativa sugerida en "Literatura en la revolución
[...]" al resolverse a configurar una novela comprometida, directamente vinculada al 'contexto' de la realidad histórica, al que dicha
obra aspira a modificar: "este *Libro de Manuel* fue escrito, como se
dice en inglés, contra el reloj, 'against time', claro, por razones que tú
te das cuenta. Es decir que había el problema práctico de luchar y, de
colaborar, de luchar por el problema de los presos políticos y la tortura en la Argentina. O sea que ese libro yo tenía que terminarlo en un
momento dado." (Picon Garfield 1981, pp. 26 y s.). Cortázar está
consciente de la dificultad de esta empresa: "Entonces ese dificilísimo
equilibrio entre un contenido de tipo ideológico y un contenido de tipo
literario —que es lo que yo quise hacer en Libro de Manuel— me
parece que es uno de los problemas más apasionantes de la literatura
contemporánea. Y me parece, además, que las soluciones son individuales, que no hay ninguna fórmula. Nadie tiene una fórmula para
eso." (Prego 1985, p. 133).

La mencionada adhesión de LM a la verosimilitud
—entendiéndose lo verosímil como aquel "discurso que se asemeja al
discurso que se asemeja a lo real" (Kristeva 1970, p. 65)— se conjuga
en este texto paradójico con una tensión antitética hacia su autoseñalización como ficción —como literatura— ello mediante una "construcción en abismo" que se configura en el nivel de la enunciación y
del código.[11]

LM es engañoso en cuanto no muestra su especularidad a través
de enunciados explícitos sino alude vagamente a ella mediante el empleo de un código indicial, que se inicia con el título mismo de la obra;
éste remite a un libro, pero en un primer contacto con la novela, el lector no identificará dicho libro con el texto que tiene al frente, sino
con uno parcialmente incluido en él, que podría constituir aparente-

mente una construcción en abismo del enunciado: microtexto que mantiene una relación de analogía con el texto que lo contiene.[12] Sin embargo, hacia el final de LM, se posibilita la interpretación que elegimos, según la cual el señalado texto incluido se ha expandido y pasa a equivaler al que parecía su continente. Un momento clave en la captación de la identidad entre el *Libro de Manuel* y el libro de Manuel es aquél en que Andrés pretendiendo incorporar un fragmento más al segundo texto, lo que hace es, en verdad, introducir el último párrafo del primero: "De todas maneras antes de irme te puedo dejar algo que podés agregar para Manuel, empieza con una jarra de agua." (p. 385); el último fragmento de LM —culminación diegética de la novela— se inicia con la siguiente frase: "Lonstein llenó despacio la jarra de agua y la puso sobre una de las mesas vacías" (p. 386). Siguiendo esta perspectiva, cada vez que el texto se refiere a la confección del álbum, estaría también remitiendo a su propia construcción. Esta construcción en abismo de la enunciación se hace además ostensible cuando, hacia el final del texto, mediante una metalepsis, actores ficticios —el que te dije, Andrés— son descubiertos como sucesivos substitutos auctoriales, supuestos autores de lo que leemos:

> En alguna ocasión Andrés coincidiría en que todo lo que había precedido y seguido a la entrada de las hormigas en el chalet era de una confusión total, no tanto por el magma intrínseco de esas situaciones, sino porque a él, observador mal calificado para la tarea, le tocaba ahora para colmo manejar los materiales del que te dije, eso que el susodicho llamaba fichas (p. 365).[13]

Momentos ulteriores de nuestro análisis, evidenciarán la construcción en abismo del código.

LM enmascara su naturaleza de texto ficticio haciéndose pasar por —y justificándose como— un repertorio de microtextos "reales":

> —Sí, viejo. Tomá, por ejemplo, mirá lo que guardaba el que te dije en un bolsillo del saco, total no tenemos ningún informe que dejarle a Manuel sobre Roland, digamos, o sobre Gómez. Al fin y al cabo ni se acordará de ellos cuando crezca, y en cambio hay todo esto que viene a ser lo mismo de otra manera y es esto lo que tenemos que poner en el libro de Manuel. (p. 369).

Andrés se refiere a dos documentos: "testimonios de presos políticos donde se denuncian casos de torturas" y extracto de "Conversaciones con norteamericanos". El mundo mayor aparecería —supuestamente— como la metáfora de un ámbito de primer plano casi ausente, entrándose en contradicción con otra perspectiva desplegada por el mismo texto, la que atribuiría a la Joda y a los personajes que en ella participan, valor metonímico-metafórico:

> los proyecto a la idea misma de la revolución, porque la Joda es una de sus muchas casillas [...] y yo soy cincuenta u ochenta millones de tipos en este mismo momento. (p. 232).

Corresponden, también, al señalado código indicial, la comparación de los actores con personajes de una novela y la autopresentación de Andrés como escritor:

> esto a cargo del que te dije, Patricio, Ludmilla o yo mismo, sin hablar de los otros que poco a poco se van sentando en las plateas de más atrás, a la manera de los personajes de una novela que se instalan uno tras otro en las páginas de adelante, (p. 16).

> yo escribo y el lector lee, es decir que se da por supuesto que yo escribo y tiendo el puente a un nivel legible. ¿Y si no soy legible, viejo, si no hay lector y ergo no hay puente? (p. 27).

Análoga función cumple la explícita e insistente señalización de la presencia de figuras retóricas en el texto, las que ponen en evidencia un *uso literario*[14] y una conciencia del mismo:

> porque esa especie de metáfora en la que se han metido todos estos a sabiendas y cada uno a su manera, consiste entre otras cosas en la no asistencia a *La guerra y la paz* (siempre eligiendo la metáfora [...] (yendo a sentarse frente a la pared de ladrillos, metáfora) (p. 17).

> el que te dije considerará que hay suficientes cascarudos, mosquitos y mamboretás bailando un jerk insensato aun-

que altamente vistoso en torno a la lámpara, y entonces siempre dentro de la metáfora la apagará de golpe, (p. 42).

porque hace más de media hora que me he dado perfecta cuenta de tu boex, tu fortrán, en una palabra de la alegoría que bajo forma de onanismo me has estado metiendo por las narices (p. 227).

No mirés así, no tengo nada de suicida, todo es metáfora. (p. 267).

Así como la Joda es una metáfora de la revolución, Manuel lo es del "hombre nuevo"; "saltar la tapia" metaforiza a la liberación, etc.

El influjo de los microtextos periodísticos se muestra como especialmente significativo cuando uno de ellos, "La Plata: Motín en un Instituto de Menores" (p. 108) opera —unido a un relato de Monique— como el factor desencadenante del proceso asociativo de Oscar, proceso que apuntará a una expansión simbólica, mostrativa de las obsesiones del personaje: de la aparente objetividad encarnada en la prensa se va a la pura subjetividad —la corriente de conciencia del actor— para retornar luego desde el macrotexto, como más adelante veremos, a dos microtextos desautomatizantes (pp. 187 y 196), presumiblemente productos de la elaboración de Oscar.

Los microtextos, además de permitir la configuración de un mundo mayor que excede al ámbito de primer plano, constituyen un contexto a partir del cual logran sentido y justificación ideológica, los acontecimientos en que intervienen los integrantes de la Joda. Culminante a este respecto es la reproducción de la carta de Dilma Borges Vieira a Aparicida Gomide, documento al que corresponden las siguientes frases: "Pero comprenda, espero, que las condiciones que llevaron al secuestro de su marido y a la tortura mortal del mío son siempre las mismas: que es importante darse cuenta de que la violencia-hambre, la violencia-miseria, la violencia-opresión, la violencia-subdesarrollo, la violencia-tortura, conducen a la violencia-secuestro, a la violencia-terrorismo, a la violencia-guerrilla; y que es muy importante comprender quién pone en práctica la violencia: si son los que provocan la miseria o los que luchan contra ella." (p. 323). A este mismo paradigma corresponden los señalados "testimonios de presos políticos donde se denuncian casos de tortura", cuya función conativa es exacerbada en virtud de su contigüidad con "Conversaciones con norteamericanos" (pp. 370-381)[15] y "Entrenamiento de militares extranjeros" (p. 383), donde la irrupción de la verdad se logra mediante una mera presentación estadística; asimismo se incluyen en este ámbito los cables de prensa, concernientes especialmente a Fidel Castro y su diálogo con los estudiantes (pp. 272-277); dichos cables, exhibiéndose como materia prima en vías de elaboración, parecen homologar al propio proceso constructivo de la novela. El artículo concerniente al rapto del Embajador de Bonn por izquierdistas brasileños (p. 98) prefigura el rapto del Vip, como acontecimiento nuclear de la trama de LM.

Los artículos periodísticos contaminan al macrotexto con el carácter fragmentario que les es inherente. LM ostenta dos clases de fragmentación: una correspondiente a un nivel visual, provocada por la incorporación de los microtextos y otra, suscitada por el peculiar *découpage* con que se organiza la historia. Así configurada la novela, asume integralmente el carácter de álbum que, según nuestra interpretación, le corresponde.

Ya desde la perspectiva de el que te dije, se capta la función desocultante —desautomatizante— que el empleo de la fragmentación pretende cumplir en el texto: "esperando tal vez que esa información fragmentaria iluminara algún día la cocina interna de la Joda." (p. 11).

En adecuación a su objetivo pedagógico, LM emplea un montaje cinematográfico; éste corresponde, según Bergson, al mecanismo de nuestro conocimiento ordinario, en cuanto ambos otorgan dinamicidad a una serie de imágenes estáticas: "we hardly do anything else than set going a kind of cinematograph inside us. We may therefore sum up what we have been saying in the conclusion that the *mechanism of our ordinary knowledge is of a cinematographical kind.*" (1967, p. 399). Mediante la dinamización de sucesivos fragmentos, obtenemos, por consiguiente, una visión cognoscitiva de la totalidad.[16]

Refiriéndonos al segundo caso señalado de fragmentación, veamos un claro ejemplo de découpage, que ocurre entre las páginas 249 y 257; en ellas, se da una alternancia —que implica ruptura— del discurso de personajes situados en espacios distintos; entre dichos actores, un grupo lo constituyen: el Vip, la Vipa y el Hormigón, quienes se encuentran en un restaurante; el diálogo entre estos personajes es interrumpido, entre otros, por el discurso del narrador, quien problematiza el registro en el que será vivenciado por el que te dije, el diálogo recién aludido; ésta es otra prueba de que el texto está mostrando, no mundo, sino como antes señaláramos, su propio proceso de escritura y las leyes que lo rigen (respectivamente, construcción en abismo de la enunciación y del código). Luego es exhibido un diálogo entre Marcos y Ludmilla; continúa —mediante la reiteración de una frase: "grave y molesto" (p. 252), cuyo desarrollo antes había sido suspendido— la referencia del narrador a el que te dije; sigue el diálogo en el restaurante; continúa otra frase interrumpida del narrador —es como si estas reiteradas violaciones del discurso del narrador relativo a el que te dije, excitaran el interés por la isotopía metaliteraria que se configura— que capta desde una perspectiva interna, al que te dije. Señalemos la última parte mencionada de este juego de alternancias, que en la novela aún persiste:

(narrador)	argumentos y contrarréplicas sobre la alienación, el tercer mundo, la lucha armada o desarmada, el papel del intelectual y el colonialismo
(diálogo en el restaurante)	—Con poca manteca, me hace el favor —dijo la Vipa.
(narrador)	cuando todo eso, 1) es desconocido por el lector (p. 252).

Los espacios en blanco intensifican el efecto de mosaico al cual el texto tiende y que él mismo hace explícito en un afán de poner de manifiesto su propio funcionamiento: "porque ya se ve que lo de Stockhausen y el culito de Ludmilla y el vate venezolano no son más que pedacitos, apenas unas pocas téselas del mosaico," (p. 35).

Otro ejemplo de montaje, que merece ser destacado, está constituido por la lectura alternada de un mismo artículo, realizada por dos grupos de personajes pertenecientes a la Joda: por una parte, Marcos y Ludmilla y por otra, Susana, Heredia, Oscar. El artículo a que nos referimos es: "Le dernier grand dirigeant de la guérilla est tué par la police dans l'État de Bahia" (pp. 298 y s.). En este caso, se cumple la intencionalidad de la novela, tendiente a aunar aspectos íntimos de la vida de los personajes con zonas de acción política. Ello corresponde al ideal de Marcos, según éste lo proclama a Ludmilla: "¿Por qué esa

manía de andar dividiendo las cosas como si fueran salames? Una ta-
jada de Joda, otra de historia personal'' (p. 239).

La configuración del surgimiento de la relación entre Marcos y
Ludmilla y el diálogo de Lonstein y el que te dije sobre la masturbación, ambos de gran significatividad en la novela —el primero en
cuanto al desarrollo diegético y el segundo, en el nivel ideológico—
son presentados de manera fragmentada en el espacio que se extiende
entre las páginas 214 y 229. Su desarrollo es interrumpido por otros
momentos insertados: por lo que se refiere al primero, un párrafo concerniente a la actuación del comando de Lucien Verneuil respecto a la
operación "distribución de dólares falsificados" y dos artículos periodísticos contiguos, el primero de ellos captado de modo tal que las
letras iniciales de cada frase se encuentran ausentes; en cuanto al
diálogo de Lonstein y el que te dije, además de ser interrumpido por la
presentación de la pareja Marcos-Ludmilla, está a su vez fragmentado
por la inserción de un aviso publicitario y una serie de momentos orga-
nizados mediante un montaje espacial.[17]

El efecto desautomatizante que de suyo provoca la fragmentación, es intensificado en los casos de inserción de textos publicitarios y
de páginas de letras grandes con palabras incompletas.

El primer texto publicitario (p. 107) hace uso de diversos recursos
gráficos para resultar suficientemente apelativo: fondo negro en el que
se incluyen letras y espacios en blanco, sobre los cuales a su vez se escribe en negro; letras de diferentes tipos y tamaños. Significativamente —como otro medio a que acude LM para mostrar el carácter alienante de ciertos tipos de escritura— el objeto exaltado y cuyo carácter
enajenante se proyecta al exhibirlo, es una publicación; su título:
HOROSCOPE —señalado en primera línea— remite a un ámbito
mítico. *Horoscope* sustenta su prestigio en el acierto de sus predlccio-
nes; a la luz de ellas, el Golpe de Estado en Argentina aparece como
un acontecimiento propiciado por los astros y, por ende, difícilmente
modificable: "AMERIQUE DU SUD: On peut s'attendre à des graves
nouvelles concernant l'Argentine, puisque Neptune —au Milieu du
Ciel— est en carré avec l'Ascendant de Buenos Aires. Cela présage des
moments difficiles pour l'équipe au pouvoir."[18] Sobre la base de ese
acierto particular, en el último espacio en blanco se exhibe una conclusión aparentemente incontrovertible: la identificación entre el futuro y
la publicación; ésta de anticipadora y reflejo del porvenir, ha pasado a
ser el porvenir mismo: "UNE FOIS DE PLUS, L'AVENIR C'EST

HOROSCOPE''. Todo lo expuesto tiene una sola finalidad, desenmascarada hacia el final: "ACHETEZ VITE LE Nº DE JUILLET''.

El segundo aviso —ya aludido— es el que está insertado fraccionando, conjuntamente con otro momento, el discurso sobre homosexualismo:

> Zambúllase
> en la felicidad 3CV;
> en Citronort:
> 260 mensuales & inicial. (p. 220).

La publicidad suele hacer uso de todos los recursos que le brinda la función poética para intensificar su efecto conativo.[19] En el texto a que nos referimos, adviértanse la distribución en versos[20] y la ubicación central destacada del verbo "Zambúllase"; este último denota dinamicidad, propia del objeto exaltado, y puede fácilmente connotar la sensación placentera de sumergirse en el agua, a lo que nos insta la forma imperativa.[21] Las expectativas son sobrepasadas cuando en el segundo verso, la supuesta "piscina" es reemplazada por un término abstracto, un fin último, que se ha hecho accesible y concreto: la felicidad. La estructura paralelística: "en la felicidad / en Citronort", identifica subliminalmente a ambos; coadyuva a ese efecto de homogeneización, el fonema inicial común de "Zambúllase" y "Citronort", el cual ocupa exactamente el lugar céntrico del término "felicidad". La cantidad exhibida en el último verso resulta mínima en relación a lo que con ella puede conseguirse. Tal como en el caso anterior, el contraste entre letras blancas y fondo negro, enfatiza visualmente al mensaje. Este microtexto es temáticamente vinculable a un momento del macrotexto, en el cual se plantea una oposición irreductible entre la conciencia de la necesidad de la revolución y el efecto enajenante de la propaganda y el consumo:

> Consecuencia: hay un solo deber y es encontrar la buena pista.
> Método, la revolución. Sí.
> —Che —dice Marcos—, vos para los simplismos y las tautologías, pibe.
> —Es mi librito rojo de todas las mañanas —dice el que te dije—, y reconocé que si todo el mundo creyera en

esos simplismos, a la Shell Mex no le sería tan fácil ponerte
un tigre en el motor. (p. 14).

El tercer texto publicitario:

CAP*
argentina
en carne
y alma   (p. 304).

emplea recursos gráficos ya señalados y transforma, en beneficio de
sus fines, al cliché "en cuerpo y alma", intentando conseguir un efecto de trascendencia y totalidad, que resulta absurdo para aquél que de-
sentraña el mecanismo seductor. En virtud de su contigüidad con un
artículo en el que se menciona la muerte de una estudiante, Argentina
resulta irónicamente mostrada —en función de la ideología de LM—
como sacrificadora y exportadora, no de carne animal sino humana.
        El texto siguiente (p. 308) ejerce un efecto análogo al recién des-
crito; la afirmación destacada: "Nadie lo lleva mejor", concerniente a
una línea aérea, pasa a cualificar irónicamente a Argentina, país que,
según los textos periodísticos contiguos, "es responsable del encareci-
miento mundial del cuero" y en virtud de la obtención de cuantiosos
créditos, aparece contrayendo una considerable deuda nacional.
        Los avisos quinto y sexto aparecen en relación de contigüidad,
sólo separados por un trozo de un artículo periodístico que se incrusta
entre ellos; ambos suscitan efectos eminentemente eufóricos; el primero crea la imagen idílica de Navidad, a través de Santa Claus, "simbo-
lo del paternal proveedor de juguetes a los niños." (Pérez Rioja 1962,
s.v. *Nicolás de Bari, San*);[22] el candor nos parece realzado por la inclusión de las frases en la figura de una manzana; entra a operar, sin
embargo, la asociación con la manzana como símbolo de los deseos
humanos, del pecado, la tentación y la discordia, produciéndose así el
autodesenmascaramiento de la propaganda, que estaría revelando su
propia intención enajenante. El texto publicitario contiguo atrae al
destinatario mediante el vocativo "Ejecutivos", gráficamente desta-

*Esta sigla corresponde a la Corporación Argentina de Productores de Carne, encarga-
da fundamentalmente de la exportación de esta última.

Santa Claus
en
Harrods
desde el 4 de
Diciembre
10,30 hs.

fueron trasladados por vía aérea a Cuba, el domingo, y 2.5 millones de pesos (aproximadamente 200.000 dólares), que pagó la familia, una de las más adineradas de Guerrero.

EJECUTIVOS...
FIN DE SEMANA
INOLVIDABLE.
Con el nuevo buque de lujo "DON LUIS" y alo-

(p. 317)

cado, el cual remite a una clase a la que cada lector aspiraría a pertenecer; el calificativo "inolvidable", el sintagma "de lujo", estimulan el efecto atractivo; la incompletitud del texto contribuye a su valor sugerente. El carácter alienante de estos avisos es denunciado por su contigüidad con un artículo periodístico sobre la "realidad" mexicana, caracterizada ésta por una tensión y una complejidad contrastantes con la simpleza falsificadora de los avisos publicitarios.

El aviso siguiente se asimila formalmente a un artículo; su título
es:

Nuevas bolsas de dormir contemplan
   una dimensión de dos plazas   (p. 318).

Además de la frivolidad de este microtexto, es el nivel lingüístico del
mismo, el que LM se propone explícitamente desenmascarar y censu-
rar:

> —Esto lo ofrezco yo —dice el que te dije [...]— nomás
> para que vean lo que se están tragando en este mismo mo-
> mento como vocabulario más de cuatro connacionales jun-
> to al río inmóvil.
> Sigue un diálogo más bien tempestuoso [...] y la risa
> socarrona de Marcos y Patricio que han leído el recorte y
> se mean soto voche en el duvet y la contemplación del
> nylon acalandrado, sin hablar de que según el recorte, y
> eso es lo que más deleita al que te dije, las que contemplan
> una dimensión de dos plazas son las nuevas bolsas de dor-
> mir. (p. 318).

LM, siempre tendiente a mostrar las reglas de su funcionamiento,
justifica la inserción de avisos publicitarios, señalando la función de-
salienante de dicho procedimiento: "que Manuel aprenda a defender-
se desde chiquito contra la jalea publicitaria que facilita otras jaleas
telecomandadas, etcétera," (p. 319).[23] La novela desenmascara así el
carácter mítico de la publicidad, en el sentido ya aludido que Barthes
ha otorgado a "mito"; es decir, nos insta a adoptar respecto de esos
microtextos publicitarios, la perspectiva del mitólogo, quien deshace
la significación del mito, lo descifra, comprende la impostura, la deformación, que le son inherentes. Cuando ello ocurre, se anulan la
claridad eufórica del mito, el mundo sin contradicciones que éste ha
instaurado (maneras ciertas de sumirse en la felicidad, de gozar de un
fin de semana inolvidable....) y se restablece la complejidad de los actos humanos.[24]

Las tres páginas con letras grandes y palabras incompletas provocan —como anunciábamos— un fuerte efecto desautomatizante y activan la capacidad reconstructora del lector. Las dos primeras conciernen a un texto periodístico que sirve de base al despliegue de un nivel

simbólico: "La Plata: Motín en un Instituto de Menores" (p. 108). El sujeto que enuncia en la primera página (p. 187), encarna la voz de la represión; una de las muchachas fugitivas aparece como víctima; el victimario recibe plena aprobación de aquél con quien dialoga, pudiendo inferirse la siguiente respuesta: 'Hiciste bien al fin y al cabo. Así aprenderán esas putas.' En la página segunda (p. 196), captamos en cambio —a diferencia de Cortázar— una descripción realizada por una voz que se identifica con las fugitivas y destaca las condiciones adversas en que éstas vivían: amontonadas en el refectorio, sólo baño para, venían llorando.[25] En la tercera página (p. 217), como en la primera, el discurso corresponde a la voz de la autoridad, la que proclama la asunción del poder, como Presidente de la República, de Roberto M. Levingston. Este momento, destacado por la magnitud de sus letras, contrasta con otro, cuyas letras son pequeñas y el cual —salvo su título— ha sido tachado, anulado, pero recupera toda su fuerza comunicativa en cuanto el lector —estimulado— se esfuerza por desentrañarlo.

LM predica y practica la heterogeneidad: "Susana tiene que darse cuenta de que los rescates y las liberaciones son insuficientes si no van acompañados de recortes paralelos y complementarios," (p. 319). De este modo, conjuntamente con "*hard news*", noticias de reconocida importancia en el mundo mayor a que aluden, se dan "*soft news*", noticias que podrían ser estimadas como intrascendentes, pero que al ser intercaladas en el álbum, asumen un significado ideológico; nos referimos a "GUENOS PA' LA PESTAÑA ESTAN LOS PUGILES" (p. 265), "CRIMEN DE HOMOSEXUALES" (p. 320), ambos extraídos de periódicos chilenos.[26]

La distinción periodística entre "hard" y "soft" news es una clasificación en segundo grado, sustentada en una previa categorización de la realidad,[27] la existencia misma de la cual —según ya hemos señalado— puede ser relativizada. Ciertos periodistas llegan a reconocer acertadamente el carácter determinante del modo de presentación de una noticia para que ésta constituya "soft news" o "hard news".[28] Por lo que respecta a nuestro tema, en los dos casos señalados, el modo de presentación es efectivamente decisivo en el carácter de "soft news" que a las noticias corresponde. LM justifica la inserción del segundo, señalando en un lenguaje que parodia al de Fernando: "no solamente hay instrucción lingvística sino un montón de tristezas latinoamericanas, viejo, tanta cosa por liquidar." (p. 319); lo censurable es lo acaecido, que sólo existe a través del peculiar modo en que ha sido expuesto.

En el ámbito de lo cotidiano-trivial, cabe aún destacar un microtexto constituido por una receta de cocina, redactada en un lenguaje casi altisonante —en oposición al de los dos casos antes analizados— el cual suscita un efecto humorístico al contrastar con la trivialidad de lo referido: "Los sandwiches solución para salidas o fines de semana descansados, ofrecen infinitas combinaciones que no descuidan la variedad en la alimentación." (p. 347). La inserción de esta receta culinaria en el macrotexto —siempre mediante una justificación verosimilizante— intensifica el efecto humorístico: el supuesto fin de semana descansado corresponde al tiempo más tenso e inquietante en las actividades de la Joda; los sandwiches solución no operan como tales por falta de ingredientes: "—Porque no hay carne ni pollo —bramó Susana— y en casos así decime un poco qué mierda se puede freír. La culpa es de Lucien y sobre todo de la madre que debe ser más roñosa que él, en el frigider había media lata de leche y un chorizo carcomido." (p. 347).

Refirámonos finalmente a los cinco dibujos o esquemas que el texto incorpora, los que cumplen una función lúdico didáctica; LM vincula estos dibujos a las "soft news" y justifica a ambos remitiendo a la confección del libro de Manuel:

si le echás una ojeada al álbum verás que no todo es así, yo por ejemplo en un descuido de esa loca le puse una cantidad de dibujos divertidos y noticias muy poco serias para el consenso de los monobloques, (p. 385).

* * *

LM se nutre de los textos paraliterarios modificándolos al hacer irrumpir en ellos nuevas significaciones, ocupándolos para crear un mundo mayor y un contexto que le otorga la requerida justificación ideológica. La novela anula, en cambio, un posible influjo de los microtextos reales, su efecto verosimilizante —ya teóricamente problematizable— el que, paradójicamente, ella aspira a lograr. Los microtextos periodísticos logran imponer, por su parte, una de sus características al ámbito total: la fragmentación en las dos modalidades señaladas y provocar movimientos de corriente de conciencia, plasmadores de símbolos.

El texto en el cual este peculiar diálogo intertextual se realiza, se resuelve como una obra vacilante y contradictoria, fenómeno que presenta antecedentes extratextuales. Dicho efecto es suscitado por los siguientes rasgos: la intención verosimilizante es anulada en virtud de un *ethos* lúdico y mediante el énfasis en la artificialidad propio de la construcción en abismo; se postula que la realidad es constituida por la prensa, pero se cuestiona la verdad u objetividad de esta última, lo cual, además, redunda en descrédito de las propias pruebas que el texto ofrece; LM se reconoce como didáctico, pero rechaza el didactismo en literatura; el mundo mayor es concebido ya como metáfora del ámbito de primer plano, ya como siendo metaforizado por éste. Como logro estético, la anhelada convergencia entre ficción y realidad no se cumple.

Frente a las señaladas vacilaciones, surge en el crítico literario la necesidad de delimitar zonas y clarificar; extraordinariamente conducente, en relación a una actitud asumible, nos parece el siguiente momento de Barthes: "il faut traiter le réalisme de l'écrivain ou bien comme une substance idéologique [...] ou bien comme une valeur sémiologique [...]. L'idéal serait évidemment de conjuguer ces deux critiques; l'erreur constante est de les confondre: l'idéologie à ses méthodes, la sémiologie à les siennes." (1957, p. 224).

3.2 *LA TÍA JULIA Y EL ESCRIBIDOR*: INCORPORACIÓN DE FÁBULAS RADIOTEATRALES

Los microtextos de LM se han expandido en *La tía Julia y el escribidor* (Vargas Llosa 1981),[29] obra en la que el primer nivel de ficción, de índole literaria (la historia de las relaciones amorosas entre Marito y Julia = F_1) y el segundo nivel de ficción, de naturaleza paraliteraria (las radionovelas o radioteatros de Pedro Camacho = F_2) ocupan casi análoga extensión, dedicándose un capítulo alternadamente a cada nivel, salvo en el caso de los capítulos penúltimo y último, ambos correspondientes a F_1. El hecho de que los capítulos radionovelescos no estén precedidos por un marco introductorio, tiende a provocar la impresión de que capítulos pares e impares pertenecen al mismo nivel de ficción, otra manera de intentar igualarlos.

Desde el punto de vista de la relación literatura-paraliteratura, objeto de nuestro estudio, afirmaríamos que la estructuración material de TJE tiende a otorgar la misma importancia a ambos sectores y que la irregularidad ya señalada da primacía a la literatura, lo que corresponde al desarrollo diegético del texto y a la índole misma de esta novela que se autoasume y es recibida como una obra literaria (no otras serían las expectativas de un lector iniciado al aproximarse a un autor consagrado como es Vargas Llosa). Más allá de la aparente simetría, nos encontramos, entonces, con un texto literario que, tal como LM, subsume momentos paraliterarios.

Además de la trama correspondiente a F_1 y de las diversas tramas de F_2, la novela permite abstraer de ella otra trama que diseñaría propiamente las relaciones, las vicisitudes existentes entre literatura y paraliteratura, encarnadas estas zonas en determinados personajes: Marito representa a la literatura, que se esfuerza por surgir, que es estimulada por la paraliteratura, de cuyo influjo no obstante se preserva y que finalmente se impone, cumpliendo un proceso de entronización. Camacho encarna a la paraliteratura triunfante, finalmente desentronizada. Así como en el desarrollo diegético Marito trata de proteger el recuerdo de Camacho ("Pero yo me las ingenié para que, a lo largo de la espesa tarde, ninguno de los tres dijera una palabra más sobre Camacho." (p. 447)), la puesta en escritura de TJE es una fijación y preservación de los textos paraliterarios, metafórica y metonímicamente ligados a su autor ficticio.

Respecto de la trama recién postulada, importa señalar que Pedro Camacho está convencido de la índole artística de su actividad ("Los artistas no trabajamos por la gloria, sino por amor al hombre" (p. 66); "¡El artista trabaja! ¡Respetadlo!" (p. 114); "Eran, por supuesto, las palabras 'arte' y 'artístico' las que más iban y venían por ese discurso afiebrado, como un santo y seña mágico que todo lo abría y explicaba." (p. 122)). El modelo paraliterario es sugerido a Marito con el fin de "conquistar a las muchedumbres" (p. 202). Mientras que Camacho no lee para que no le influyan el estilo (p. 165) y hace un uso puramente estereotípico de la literatura a través de su texto de consulta: "Diez Mil Citas Literarias de los Cien Mejores Escritores del Mundo", Marito experimenta la fascinación de lo paraliterario: los límites entre ambas zonas son para él borrosos y los criterios que emplea para distinguir entre ellas, errados ("¿Qué medio social, qué encadenamiento de personas, relaciones, problemas, casualidades, hechos, habían producido esa vocación literaria (¿literaria? ¿pero qué, entonces?) que había logrado realizarse, cristalizar en una obra y obtener una audiencia? ¿Cómo se podía ser, de un lado, una parodia de escritor y, al mismo tiempo, el único que, por tiempo consagrado a su oficio y obra realizada, merecía ese nombre en el Perú? [...]. Lo más cercano a ese escritor a tiempo completo, obsesionado y apasionado con su vocación, que conocía, era el radionovelista boliviano'' (pp. 235 y s.)). La total configuración diegética permitirá entender que no son factores cuantitativos (tiempo persistente de entrega, número de obras) sino otros, cualitativos, los que caracterizan a la literatura.[30]

Si bien Camacho es numerosas veces denominado ''el artista'', dicha expresión alterna con otra que amengua su importancia: ''el escriba'' y se hace mención a su arte, empleando dicho término entre comillas, relativizando y reduciendo así la calidad del mismo. El sujeto de enunciación —presumiblemente Vargas Llosa— es capaz de evaluar el pasado y captar distinciones con una lucidez superior a la que poseía Marito.

El título de la novela es ambiguo, pudiendo ser los referentes del término ''escribidor'', Marito o Camacho, ello según se consideren respectivamente los significados: escritor, mal escritor (Real Academia Española 1984, s.v. *escribidor*).[31] En el segundo caso, las connotaciones negativas del término apuntarían a una distinción nítida entre literatura y paraliteratura.

Julia aparece por lo que respecta a esta trama como un personaje vinculatorio de ambas zonas. Por una parte, Marito la califica de ''terriblemente aliteraria'' (p. 110) por lo que concierne a sus preferencias personales: ''Daba la impresión de que en las largas horas vacías de la hacienda boliviana sólo había leído revistas argentinas, alguno que otro engendro de Delly, y apenas un par de novelas que consideraba memorables: 'El árabe' y 'El hijo del árabe' de un tal H. M. Hull.'' (p. 110). Asimismo es una admiradora sin reservas de Camacho: ''—Me he contagiado de mi hermana —me repuso—. La verdad es que esos de Radio Central son fantásticos, unos dramones que parten el alma.'' (p. 112). La vinculación que una cierta interpretación del título crea entre la tía Julia y Camacho, reforzaría la correspondencia de la primera al ámbito paraliterario. Pero, por otra parte, la tía Julia es el actor adyuvante que impulsará la carrera ascensional de Marito en el espacio literario, lo cual resulta plenamente reconocido en la dedicatoria del texto: ''A Julia Urquide Illanes, a quien tanto debemos yo y esta novela''.

Un rasgo que es común al espacio literario y paraliterario configurados en el texto, es la adhesión al principio de verosimilitud. Dicho rasgo, como ya se ha advertido respecto de la novelita rosa (2.1), es inherente a todo un sector de la paraliteratura que parece extraer consistencia de esta asimilación o adecuación a la "realidad". El afán de verosimilitud es proclamado por el discurso de Camacho: "Yo escribo sobre la vida y mis obras exigen el impacto de la realidad." (p. 58); "Lo más importante es la verdad, que siempre es arte y en cambio la mentira no, o sólo rara vez." (p. 64); "¿Qué mejor manera de hacer arte realista que identificándose materialmente con la realidad?" (p. 164). Para Marito, influido por Javier —quien cumple el rol de oponente-adyuvante por lo que respecta a la carrera literaria del primero— es también importante una cierta adhesión a la convención realista: "Discutimos, yo acabé diciéndole que en mi cuento los personajes levitarían y que, sin embargo, sería un cuento realista ('no, fantástico', gritaba él)" (pp. 187 y s.); ello no obstante en un momento determinado, Marito se esfuerza por defender "los derechos de la imaginación literaria a transgredir la realidad" (p. 152).

La novela como totalidad se pliega al señalado afán realista al presentarse como supuesta autobiografía, género que implica —según cierta perspectiva teórica— un "pacto referencial".[32] TJE cumple con el "pacto autobiográfico" en el sentido en que lo entiende Lejeune: afirmación de la identidad del *nombre,* el cual es el mismo para el autor y el narrador-personaje; este pacto es corroborado paratextualmente por la dedicatoria ya señalada.[33] No obstante el pacto autobiográfico, la posibilidad de la ficción no está aquí excluida sino que, de acuerdo a un contrato previo, un "pacto novelesco" —reconocido también en la dedicatoria— el lector se enfrenta a este texto como a una obra ficticia. TJE constituiría así, según el planteamiento de Lejeune, un caso límite: "Le héros d'un roman déclaré tel, peut-il avoir le même nom que l'auteur? Rien n'empêcherait la chose d'exister, et c'est peut-être une contradiction interne dont on pourrait tirer des effets intéressants. Mais, dans la pratique, aucun exemple ne se présente à l'esprit d'une telle recherche. Et si le cas se présente, le lecteur a l'impression qu'il y a erreur" (Lejeune 1975, p. 31).[34]

Son precisamente la asunción del discurso como ficticio (pseudofrases en representación de frases auténticas imaginarias) y el señalado "pacto novelesco", los factores que otorgan un carácter de ingenuidad a los reclamos relativos a la ausencia de verdad del texto.[35]

Más allá de este rasgo coincidente: adhesión a la verosimilitud, nos interesa captar cómo ha influido cada uno de los espacios textuales —literario y paraliterario— sobre el otro, qué tipos de posibles contaminaciones ocurren entre ambos en esta novela.

Destaquemos primeramente que los capítulos dedicados a las radionovelas —con precisión a lo que correspondería a la fábula y no al sujet de dichos textos[36]— interrumpen la continuidad de la trama literaria, concerniente a las relaciones amorosas de Marito y la tía Julia; en este sentido, dichos capítulos operan cual morfemas dilatorios, pero no son creadores de tensión, como ocurriría con análogos elementos en un texto detectivesco, y ello debido a que los excesos melodramáticos configurados en cada capítulo absorben durante su lectura, la atención del lector. El afán de provocar tensión y la desenmascarada utilización de procedimientos para suscitar ese efecto, serán, en cambio, características de la zona paraliteraria.[37]

Un rasgo distintivo de las fábulas radionovelescas que TJE presenta, corresponde con exactitud al nivel estilístico propio de la expresión melodramática, caracterizado éste por la hipérbole y la extravagancia (Rosbottom 1978). Estas cualidades se manifiestan con máxima potenciación en las interrogantes con las que, fiel a la convención genérica, finaliza cada uno de estos momentos, mediante una plena activación del código hermenéutico:[38]

¿Lo haría? ¿Se privaría así, de un tajo, de su integridad? ¿Sacrificaría su cuerpo, su juventud, su honor, en pos de una demostración ético-abstracta? ¿Convertiría Gumercindo Tello el más respetable despacho judicial de Lima en ara de sacrificios? ¿Cómo terminaría ese drama forense? (p. 148).

¿Había muerto don Federico Téllez Unzátegui, el indesmayable verdugo de los roedores del Perú? ¿Había sido consumado un parricidio, un epitalamicidio? ¿O sólo estaba aturdido ese esposo y padre que yacía, en medio de un desorden sin igual, bajo la mesa del comedor, mientras sus familiares, sus pertenencias rápidamente enmaletadas, abandonaban exultantes el hogar? ¿Cómo terminaría esta desventura barranquina? (p. 185).

¿Lo curaría? ¿Libraría a Lucho Abril Marroquín de esos fantasmas? ¿Sería el tratamiento contra la infantofobia y el herodismo tan aventurero como el que lo emancipó del complejo de rueda y la obsesión de crimen? ¿Cómo terminaría el psicodrama de San Miguel? (p. 230).

A partir de R_6,[39] extravagancia e hipérbole se exacerban —ello justificado verosímilmente por el desequilibrio mental de Camacho—. Los límites entre los diferentes radioteatros se anulan; el principio de identidad deja de funcionar. En el último radioteatro, la gente congregada para escuchar al Bardo de Lima, Crisanto Maravillas, resulta finalmente reunida para escuchar a la Madre Gumercinda (transformación del Padre Gumercindo); la relación de amor espiritual de Crisanto y Fátima se convierte en la relación incestuosa de Fátima y Richard, asociable a la relación incestuosa entre Elianita y Richard, configurada en R_1. Personajes de los radioteatros anteriores son aquí caóticamente reunidos y las confusiones proliferan. En cuanto a la hipérbole, cabe destacar que los desenlaces de R_8 y R_9 son apocalípticos; el extremamiento a que apuntan los elementos que los configuran, es difícilmente superable:

¿Terminaría así, en dantesca carnicería, esta historia? ¿O, como la Paloma Fénix (¿la Gallina?), renacería de sus cenizas, con nuevos episodios y personajes recalcitrantes? ¿Qué ocurriría con esta tragedia taurina? (p. 358).

Pero apenas habían dado unos pasos los amantes, cuando —¿infamia de la tierra carnívora? ¿justicia celestial?— se abrió el suelo a sus pies. El fuego había devorado la trampa que ocultaba la cueva colonial donde Las Carmelitas guardaban los huesos de sus muertos, y allí cayeron, desbaratándose contra el osario, los hermanos ¿luciferinos? ¿Era el diablo quien se los llevaba? ¿Era el infierno el epílogo de sus amores? ¿O era Dios, que, compadecido de su azaroso padecer, los subía a los cielos? ¿Había terminado o tendría una continuación ultraterrena esta historia de sangre, canto, misticismo y fuego? (pp. 400 y s.).

F_2 contamina con los rasgos señalados a F_1 y es así como la relación entre Marito y Julia aparece focalizada como extravagante, correspondiente —al igual que las situaciones diseñadas en las radionovelas[40]— a una modalidad del exceso, a una estética de la intensidad y suscitando reacciones hiperbólicas. Julia lo señala lúdicamente: "Los amores de un bebé y una anciana que además es algo así como su tía [...]. Cabalito para un radioteatro de Pedro Camacho." (p. 112). De hecho, la relación de incesto configurada en R_1, potenciadamente

mentada en R_9, actúa como correlato melodramático de la relación
entre los personajes protagónicos de F_1. Asumen esta perspectiva con
total seriedad el padre y la madre de Marito. El primero escribe a su
hijo: " 'En cuanto a ti, quiero que sepas que ando armado y que no
permitiré que te burles de mí. Si no obedeces al pie de la letra y esa mujer no sale del país en el plazo indicado, te mataré de cinco balazos
como un perro, en plena calle' " (p. 414). Respecto de su madre, describe el narrador de F_1: "Adoptaba conmigo una actitud ambivalente,
afectuosa, maternal, pero cada vez que asomaba, directa o indirecta-
mente, el tema tabú, palidecía, se le salían las lágrimas y aseguraba: "
'No lo aceptaré jamás' [...]. Yo la hacía callar, diciéndole: 'Mamacita,
no empieces otra vez con tus radioteatros'." (p. 423). Marito mismo
es consciente de sufrir el influjo melodramático del radioteatro y así lo
señala: "—Tengo una pena de amor, amigo Camacho —le confesé a
boca de jarro, sorprendiéndome de mí mismo por la fórmula
radioteatral [...]. La mujer que quiero me engaña con otro hombre."
(p. 191).

En F_1 el efecto melodramático se diluye y el temple predominante
es lúdico, atenuador de trascendencia, a lo cual contribuye el carácter
retrospectivo de la narración, que posibilita la distancia temporal entre "Mario Vargas Llosa" y Marito.[41] Por su parte, los radioteatros,
a causa de este exceso de excesos en que incurren, suscitarán progresivamente un efecto distanciado y paródico, provocador de un *ethos*
también lúdico; el clímax se logrará en los dos últimos radioteatros, al
configurarse una verdadera parodia de la intertextualidad, frecuente-
mente presente esta última en radionovelas y telenovelas[42] así como en
otros géneros paraliterarios (ya hemos señalado la frecuencia de referencias intertextuales en el relato policial, 2.2.2). R_9 retoma, relaciona
y confunde elementos de radioteatros anteriores y el *ethos* se hace
litigante:

R₂ { Y estaba allí, de punta en blanco, un clavel rojo en el
ojal y una sarita flamante, el negro más popular de
Lima, aquel que habiendo cruzado el Océano como
polizonte en la barriga de un ¿avión?, había rehecho

R₄ { aquí su vida (¿dedicado al cívico pasatiempo de matar ratones mediante venenos típicos de su tribu, con
lo que se hizo rico?). Y casualidad que urden el diablo o el azar, comparecían igualmente, atraídos por

R₃
su común admiración al músico, el Testigo de Jehová

R₅
Lucho Abril Marroquín, quien a raíz de la proeza
que protagonizara —¿autodecapitarse, con un filudo

R₃ { cortapapeles, el dedo índice de la mano derecha?— se
había ganado el apodo de El Mocho, y Sarita Huanca
Salavarría, la bella victoriana, caprichosa y gentil,
que le había exigido, en ofrenda de amor, tan dura

R₁ { prueba. ¿Y cómo no iba a verse, exangüe entre la
multitud criollista, al miraflorino Richard
Quinteros? [...]. Y hasta los Bergua, sordomudos | R₆
que jamás abandonaban la Pensión Colonial. (p. |
398).

R₄, a su vez, parodia satíricamente la tendencia melodramática,
propia de las radionovelas, a enfrentar el bien y el mal, lo moral y lo
inmoral.[43] El paladín del bien en este radioteatro es don Federico
Téllez Unzátegui, "el indesmayable verdugo de los roedores del Perú"
(p 185):

La revelación de que en su hogar, que él creía prístino, hubiera incubado, no sólo el vicio municipal del nudismo pla-
yero, sino el exhibicionismo (y, por qué no, la ninfomanía)
le aflojó los músculos, le dio un gusto a cal en la boca y lo
llevó a considerar si la vida se justificaba. También —todo
ello no tomó más de un segundo— a preguntarse si la única
penitencia legítima para semejante horror no era la muerte. La idea de convertirse en filicida lo atormentaba menos
que saber que miles de humanos habían merodeado (¿sólo
con los ojos?) por las intimidades físicas de sus varonas.
(p. 182).

En R_6 son advertibles momentos en que ironía y sátira coinciden, entrelazándose el reir desdeñoso con el *ethos* despreciativo, por lo que respecta al personaje "idealizado" de este radioteatro, don Sebastián Bergua:

> Hombre chapado a la antigua, si se quiere, ha conservado de sus remotos antepasados [...] no tanto aquella aptitud para el exceso [...] como el espíritu acendradamente católico y la audaz convicción de que los caballeros de rancia estirpe pueden vivir de sus rentas y de la rapiña, pero no del sudor. (pp. 254 y s.).

> Luego se durmió y plácidamente soñó el más grato y reconfortante de los sueños: en un castillo puntiagudo, arborescente de escudos, pergaminos, flores heráldicas y árboles genealógicos que seguían la pista de sus antepasados hasta Adán, el Señor de Ayacucho (¡era él!) recibía cuantioso tributo y fervorosa pleitesía de muchedumbres de indios piojosos, que engordaban simultáneamente sus arcas y su vanidad. (pp. 260 y s.).[44]

Esta actitud irónico-satírica está dirigida no al auditor virtual del radioteatro —paraliteratura— sino al lector de la novela —literatura—.

En la plasmación de una estética de la plenitud en los radioteatros de Camacho, cumple un papel importante el uso reiterado del cliché. La visión maniqueísta —propia de la imaginación melodramática— se manifiesta escindida a través de una caracterización estereotípica recurrente, eminentemente laudatoria, del personaje idealizado: "frente ancha, nariz aguileña, mirada penetrante, rectitud y bondad en el espíritu" (p. 29); se une a esta descripción una mención encomiástica —también estereotípica— de la edad de cincuenta años, correspondiente a dicho protagonista: "Era un hombre que había llegado a la flor de la edad, la cincuentena" (p. 127).[45] La mayor acumulación de clichés se dará, como es esperable, en R_8 y R_9:

> castigo de camello que se obstina en pasar por el ojo de la aguja (p. 337).

debilidades de león que lagrimea viendo a su cachorro despedazar a la primera oveja (p. 341).

gavilán que desde la nube divisa bajo el algarrobo la rata que será su almuerzo (p. 342).

timidez de doncel que enrojece al piropear una flor (p. 345).

lividez de hombre que ha recibido el beso del vampiro (p. 347).

La incertidumbre, margarita cuyos pétalos no se termina jamás de deshojar (p. 349).

pinzas de inquisidor que hurgan las carnes, potro que descoyunta los huesos (p. 350).

ceguera de la multitud por las llagas del alma (p. 390).

curiosidad que perdió a Eva (p. 392).

destino de globo que crece y sube en pos del sol (p. 394).

mal y bien que se mezclan como el café con leche (p. 399).

Por lo que respecta a su ser hechos de estilo, los clichés constitutivos de esta lista corresponden a metáforas a través de las cuales se pretende introducir plenitud y claridad en el mundo configurado; ello precisamente cuando dicho mundo se torna más y más caótico.

Retornando a los contactos entre F_1 y F_2, interesa destacar que los clichés son objeto de conversación entre Marito y Julia; Marito intenta depurar el lenguaje de ella de estereotipos, lo que corresponde —en otro nivel— a debilitar la relación de Julia con la paraliteratura:

¿Se puede decir que esto es nuestro nido de amor? —me preguntaba la tía Julia— ¿O también es huachafo?
—Por supuesto que es huachafo y que no se puede

decir —le respondía yo—. Pero podemos ponerle Montmartre.

Jugábamos al profesor y a la alumna y yo le explicaba lo que era huachafo, lo que no se podía decir ni hacer y había establecido una censura inquisitorial en sus lecturas, prohibiéndole todos sus autores favoritos, que empezaban por Frank Yerby y terminaban con Corín Tellado. (p. 276).

Asimismo la literatura de Marito aspira a estar totalmente libre del elemento estereotípico:

La tía Julia me dio una estocada mortal diciéndome que el cuento había salido melodramático y que algunas palabritas, como trémula y sollozante, le habían sonado huachafas. (p. 277).

La mostración de la materia prima del radioteatro, dejada en suspenso en el momento de activación del código hermenéutico mediante las interrogantes finales y la subsiguiente falta de continuidad de su desarrollo, parodian un rasgo propio del radioteatro, cual es su inacababilidad. Ha señalado al respecto Porter, refiriéndose a *soap opera*: "Its purpose clearly is to never end and its beginnings are always lost of sight of. [...] soap opera belongs to a separate genus that is entirely composed of an indefinitely expandable middle. Soap opera only ends if it turns out to be unsuccessful according to criteria external to itself." (1982, p. 124).[46] La inserción de estas radionovelas en la estructura literaria, el imperativo de mostrar el agotamiento de la paraliteratura frente al dinamismo ascensional de la literatura, puede ser estimado como el factor externo que determinará la finalización de las fábulas paraliterarias mediante intempestivos desenlaces apocalípticos.

Como parte del juego relacional entre F_1 y F_2 ocurre que en ocasiones se anula el límite entre ambos planos, originándose coincidencias que el texto no justifica. En R_3, el acusado Gumersindo Tello declara: "—Yo soy puro, señor juez, yo no he conocido mujer. A mí, eso que otros usan para pecar, sólo me sirve para hacer pipí..." (p. 148). El discurso de Tello corresponde con ligeras variantes a uno originalmente vertido en F_1, al referirse la "historia" del senador y doña Carlota; según este relato, cuando la madre de Adolfo Salcedo preguntó a doña Carlota: "—¿Por qué abandonaste así a mi pobre hijo, bandida?" (p. 61), la interpelada había respondido: "—Porque a su hijo, eso que tienen los caballeros sólo le sirve para hacer pipí, señora." (p. 61). La distinción entre F_1 y F_2 también se diluye en los casos en que en F_1 es destacada la misma edad que obsesiona a Pedro Camacho: "El tío Lucho, en un arrebato de entusiasmo, dijo que cincuenta años se cumplían sólo una vez en la vida" (p. 73); "el doctor Guillermo Osores. Era un médico vagamente relacionado con la familia, un cincuentón muy presentable, con algo de fortuna, enviudado no hacía mucho." (p. 188); el alcalde que casa a Marito y Julia "era un hombre cincuentón" (p. 379). Asimismo, y en un nivel distinto, cabe destacar que no obstante el afán de Marito por huir del estilo de Pedro Camacho, hay por lo menos un momento en que las diferencias resultan suspendidas y ello sin que, como en otros casos, se ofrezca ninguna mención explícita al respecto; nos referimos a una caracterización que el narrador realiza de Camacho, la que emplea —como es distintivo del discurso de Camacho— la aposición nominal, suscitando un efecto intensamente lúdico: "Como la primera vez, me sorprendió la absoluta falta de humor que había en él, pese a las sonrisas de muñeco —labios que se levantan, frente que se arruga, dientes que asoman— con que aderezaba su monólogo." (p. 57).

* * *

La relación literatura-paraliteratura adquiere especial concreción al constituirse sus miembros en personajes protagónicos de una posible trama de TJE. Textualmente, como se ha advertido, es esta relación muy explícita; metatextualmente —bordeando esta zona— Vargas Llosa ha afirmado que TJE es una obra en la que la escritura de novelas en particular y la creación artística en general, adquieren importancia central (Luchting 1979).

El análisis ha mostrado la adhesión a la verosimilitud como rasgo compartido por el espacio literario, el paraliterario y la novela como totalidad. Rasgos melodramáticos propios del radioteatro —extravagancia e hipérbole— contaminan a F_1. En ambos espacios, el efecto melodramático es atenuado en virtud de determinados *ethos*: lúdico en F_1; lúdico, litigante, despreciativo en F_2. En una línea inversa de causación, la inserción de las radionovelas en la trama literaria determinaría los inusitados finales apocalípticos de los textos paraliterarios.

Los clichés, importantes como suscitadores de una estética de la plenitud en F_2, son objeto de reflexión, provocador de determinadas reacciones en F_1.

Ciertos casos en los que no cabe meramente hablar de rasgos compartidos por los dos espacios ni de influjo de uno sobre el otro, corresponderían a momentos en los que la frontera entre ambos se diluye, creando un inesperado y lúdico efecto de homogeneidad.

3.3 *EL BESO DE LA MUJER ARAÑA*: INCLUSIÓN DE RELATOS DE FILMES SENTIMENTALES Y FRAGMENTOS DE CANCIONES POPULARES

La zona paraliteraria emerge con inmediatez en el proceso de lectura de *El beso de la mujer araña* (Puig 1978),[47] inaugurando al texto. Así como en TJE, la substancia paraliteraria se plasmará aquí en configuraciones metadiegéticas, la primera de las cuales, enmascarada en un comienzo, se desocultará progresivamente como una metadiégesis cuando el lector capte la expansión de lo relatado y su correspondencia no al presente de la narración, como se pudo haber creído, sino a un pasado ("—¿No hay gente en el zoológico *ese* día?" (p. 9)).*[48]

La metadiégesis se desemboza prontamente —en el diálogo— como relato de una película (p. 13), fácilmente ubicable por el lector en el ámbito del cine popular o de masas.[49] Ya en TJE captamos una no correspondencia entre el objeto paraliterario postulado y el presentado (radioteatro y fábulas radioteatrales), algo análogo ocurre en esta novela: el cine —como el radioteatro— no podría, por razones técnicas, estar directamente incorporado al texto; ello exige en BMA una transformación del lenguaje fílmico en uno verbal. Como en TJE se produce aquí un cambio en segundo grado: no se introduce en BMA el guión de la película sino que se ofrece su versión narrativa; ello ocurre por lo que respecta a esta novela, en perfecta adecuación a un principio de verosimilitud. Según señala Ruiz (1982, p. 31), Molina, significativamente, finaliza su relato, mediante la fórmula ritual: "Y colorín colorado, este cuento se ha terminado." (p. 216).[50]

Como es comprensible a partir de su índole de cine popular, las películas referidas en BMA corresponden a la categoría de filmes diegéticos, de intriga o de ficción; es decir, filmes narrativo— repre-

---

*El subrayado es nuestro.

sentativos, para los cuales un gran público se encuentra preparado.[51] La índole diegética de estas películas facilitará su ser narradas y nos enfrentaremos así en la novela, con un doble nivel de narración: narración de un filme que narra.

Por otra parte, importa reflexionar en las funciones que cumplen las metadiégesis en la novela, lo que nos podrá otorgar alguna luz sobre el acierto en la elección de un lenguaje originariamente fílmico. El desarrollo diegético muestra con bastante evidencia las siguientes funciones:

—Función enajenante: permiten la evasión de los actores, de una realidad adversa —la circunstancia actual— mediante la creación de mundos exóticos.[52]

—Función manifestativa: posibilitan a través de la exhibición de las preferencias de cada uno de ellos, la mostración de la personalidad de ambos actores.

—Función vinculadora: estimulan la instauración de una situación dialógica y el acercamiento afectivo entre Molina y Valentín; dicho acercamiento precederá al contacto sexual y suscitará una transformación de ambos personajes; facetas de dicho cambio, por lo que respecta a Valentín, serán puestas de manifiesto a través de reacciones provocadas por el estímulo fílmico.[53]

El medio cinematográfico se probaría como especialmente apto para cumplir con la primera función señalada. Barthes (1975) se ha referido a la "situación cinematográfica" calificándola de prehipnótica; la imagen fílmica es, según este crítico, un perfecto engaño que cautiva y captura al espectador, quien se precipita y adhiere a la imagen, creándose así un efecto de naturalidad (pseudo-naturalidad).[54] Lotman introduce respecto del cine, el concepto "ilusión de realidad": "El espectador comprende cerebralmente la irrealidad de lo que ocurre, pero lo observa como si se tratara de un acontecimiento real." (1979, p. 17).[55] Dicho crítico se explica esta ilusión a partir del hecho de que la relación entre el objeto y su apariencia visible es naturalmente considerada como orgánica y por ende no se le puede atribuir ninguna deformación; además aduce Lotman respecto del mismo fenómeno, la razón siguiente: el espacio de todo arte es un espacio limitado y, al mismo tiempo, isomorfo respecto al espacio ilimitado del mundo; el cine agrega a esta contradicción una contradicción propia, la que consiste en que en ningún otro arte figurativo, las imágenes que llenan el interior del espacio artístico se empeñan tan activamente por desbordarse más allá del perímetro; según Lotman, este conflicto "es uno de los factores principales que crean esa ilusión de realidad del espacio cinematográfico." (p. 115).

A su vez Metz (1976), reconociendo también el señalado efecto suscitado por el cine, propone cambiar el término "ilusión de realidad" por "impresión de realidad" —concepto ya empleado por Baudry (1975)— entendiendo que la verdadera ilusión corresponde al sueño, mientras que el espectador en el cine sabe que está contemplando una película. En todo caso, Metz concibe que la impresión de realidad es el lejano comienzo de la ilusión de realidad y piensa que la distancia entre ambos estados tiende a desaparecer. El delirio de Valentín, provocado por la morfina —escena final del texto— es un excelente ejemplo de la supresión de esa distancia, al incorporar momentos fílmicos antes referidos, que pasan a constituir la "realidad" del personaje.

Baudry (1975) relaciona el dispositivo cinematográfico —atingente a la proyección del filme, con inclusión de su destinatario— a la escena platónica de la caverna, en la cual se suscita la impresión de realidad. La comparación es para nosotros especialmente sugestiva en cuanto a que son hombres encadenados —prisioneros como Molina y Valentín— quienes toman las sombras por realidades en el mito platónico. Baudry destaca la importancia de la inmovilidad forzada: "mais l'immobilité première n'est pas inventée par Platon, elle peut désigner celle, obligée, de l'enfant à sa naissance privé des ressources de la motricité, celle, obligée aussi, du dormeur qui répète on le sait, l'état post-natal et même la vie intra-utérine, mais c'est aussi l'immobilité que retrouve nécessairement le visiteur de la salle obscure enfoncé dans son fauteuil. Nous pourrions même ajouter que l'immobilité du spectateur appartient au dispositif du cinéma considéré dans son ensemble." (p. 59). Esa inmovilidad del espectador cinematográfico es *a fortiori* compartida —dada su situación— por Valentín y Molina, a quien estimamos también como contemplador, ya que él revive a partir de la narración de los filmes, su anterior acto receptivo.

El dispositivo cinematográfico tendría como finalidad, desde la perspectiva de Baudry, el reencuentro, inclusive la simulación de un deseo, de una forma de satisfacción perdida; la impresión de la realidad es, según dicho crítico, decisiva para el logro de dicha finalidad. Dada la oscuridad de la sala, la situación de inmovilidad forzada, más los efectos inherentes a la proyección de imágenes dotadas de movimientos, el dispositivo cinematográfico determinaría un estado regresivo artificial. El deseo de reencontrar esta posición con sus propias formas de satisfacción, sería el determinante del deseo de cine y del placer que el cine suscita: retorno a una forma de relación con la realidad, que se podría definir como envolvente, en la que los límites entre el cuerpo propio y el exterior no estarían estrictamente precisados.[56]

Es interesante destacar que la impresión de realidad se produce no obstante —y debido a que— el cine nos introduce en lo imaginario más que las otras artes o de una manera más singular (Metz 1975). Lo propio del cine, afirma Metz, no es lo imaginario que el cine puede eventualmente representar sino lo imaginario que el cine *es* ante todo, lo imaginario que lo constituye como significante. La posición propia del cine depende de este doble carácter de su significante: riqueza perceptiva inhabitual, pero aquejada de una inusitada irrealidad desde su principio mismo (todas sus percepciones son falsas pues lo percibido no es realmente el objeto sino su sombra, su fantasma). Por otra parte, la índole popular de las películas narradas, la importancia que en ellas asume la historia, favorece esta inmersión en lo imaginario y facilita su traducción a otro discurso. Andrew ha señalado: "Thought of one way, as stories, films seem only to haunt the imaginary; thought of another way, as discourse, they address the symbolic." (1984, p. 152).

La obscuridad es un factor vinculador del sueño y la situación cinematográfica. Refiriéndose a esta última, ha afirmado Barthes: "Dans ce noir du cinéma [...] gît la fascination même du film." (1975, p. 105). El espectador cinematográfico, según Metz (1976), es absorbido furtivamente por el estado de dormir y soñar y al finalizar el filme tiene la sensación de despertar. Recuérdese al respecto que Molina adjudica a las películas que narra, una función análoga a la de una canción de cuna: "—Yo creí que te servía para entretenerte, y agarrar el sueño." (p. 22), lo cual es corroborado por Valentín: "Sí, perfecto, es la verdad, las dos cosas, me entretengo y agarro el sueño." (p. 22). En el monólogo interior del último capítulo, Valentín "dice" a Marta: "yo en la celda no puedo dormir porque él me acostumbró a contarme todas las noches películas, como un arrorró" (p. 285). Aunque su perspectiva aparece como diferente, habría lucidez en la conexión que Valentín realiza entre el relato de filmes y la noche: "No, mejor a la noche, durante el día no quiero pensar en esas macanas. Hay cosas más importantes en que pensar." (p. 15).

Molina es configurado como un modelo del espectador paraliterario, en quien la participación afectiva en la contemplación del filme, llega a un clímax de intensidad ("—Es que la película era divina, y para mí la película es lo que me importa, porque total mientras estoy acá encerrado no puedo hacer otra cosa que pensar en cosas lindas, para no volverme loco," (p. 85)). El proceso de transformación de Valentín puede ser entendido como el tránsito desde el rechazo explícito a ese tipo de participación hasta la total entrega al mismo.[57] Molina es también el perfecto relator de la paraliteratura: "—Un poquito no más, me gusta sacarte el dulce en lo mejor, así te gusta más la película. Al público hay que hacerle así, si no no está contento. En la radio antes te hacían siempre eso. Y ahora en las telenovelas." (p. 32).

La índole popular del cine referido y la circunstancia peculiar que viven los personajes, provocadora del deseo de evasión, son factores que estimulan la ilusión de realidad; Valentín y Molina están muy conscientes de que los relatos fílmicos son suscitadores de ese efecto:

> Mirá, tengo sueño, y me da rabia que te salgas con eso porque hasta que saliste con eso yo me sentí fenómeno, me había olvidado de esta mugre de celda, de todo, contándote la película.
> —Yo también me había olvidado de todo.
> —Y ¿entonces?, ¿por qué cortarme la ilusión, a mí, y a vos también? (p. 23).

Dado que ni los actores ni el lector de BMA se encuentran en la presencia de imágenes cinematográficas, el lenguaje narrativo que substituye al fílmico, intentará sugerir el efecto más análogo posible al que las imágenes cinematográficas suscitan. Es así que el discurso de Molina se solaza en descripciones provocadoras en alto grado de ilusión mimética, a causa de su extremada morosidad; en oportunidades —como en los momentos que a continuación citamos— hay una mención explícita a la cámara, a la situación cinematográfica o a un procedimiento cinematográfico:[58]

P$_2$ Y la cámara vuelve a enfocar el jardín de plata, y vos estás ahí en el cine y hacete de cuenta que sos un pájaro que levanta el vuelo porque se va viendo desde arriba cada vez más chiquito el jardín, y la fuente blanca parece... como de merengue (p. 63).

P$_2$ Y hay un primer plano de esa orquídea salvaje pero finísima, caída en la arena, y sobre la orquídea va

apareciendo esfumada la cara de Leni, como si la flor
se transformara en mujer. (p. 79).

P_6 Y como ya está casi oscuro apenas si se ve la silueta
de ella, a lo lejos, que sigue caminando sin rumbo,
como un alma en pena. Y de golpe se ve grande grande en primer plano la cara de ella, con los ojos llenos
de lágrimas, pero con una sonrisa en los labios. (p.
263).[59]

Estas descripciones son especialmente frecuentes en P_2, el filme
preferido por Molina. El rechazo de Valentín por lo que él estima
como descripciones irrelevantes ("—No importa, seguí." (p. 16);
"—Alto, ya sé, ¿y a mí qué?, no me detalles cosas que no tienen importancia realmente." (p. 170)) correspondería a un intento del personaje de hurtarse a la seducción cinematográfica. Molina defiende su
posición con firmeza: "¡Cómo que no! Vos callate y dejame a mí que
sé lo que te digo." (p. 170).

La función manifestativa de los filmes se cumple en su nivel más
básico al asumirse Molina y Valentín como contempladores de un objeto destinado a provocar fruición y preocuparse ambos de explicitar
la valoración que dicho objeto suscita en cada uno de ellos, esto como
un intento de definirse y afirmarse a través de sus preferencias. La señalización del propio gusto, el interesarse por el gusto del otro, el su-
ponerlo —lo cual implica una determinada visión del otro— son aspectos correspondientes al nivel apreciativo, que adquieren así relevancia respecto a los diversos filmes referidos.[60]

Molina declara enfáticamente que P_1 le gusta ("porque a mí me
gusta. Y además hay otra cosa que no te puedo decir, que hace que
esta película me guste realmente mucho." (p. 21)); Valentín reconoce
que la película le gusta (p. 21); más adelante es interpelado por
Molina: "—Pero gustarte gustarte, no te gustó." (p. 43) y Valentín
contradice esa aseveración. El nivel apreciativo se manifiesta explícitamente por lo que respecta a P_1, también en relación a los personajes
del filme: "—A mí me gusta más la colega arquitecta." (p. 15) afirma
Valentín y, apreciando el valor indicial de esa preferencia, responde
Molina: "—Yo ya lo sabía." (p. 15).

Estando por finalizar P_1, Valentín insta a Molina a seleccionar
una nueva película: "vos ahora te pensás una que te haya gustado mucho" (p. 43) y P_2 será efectivamente la película que más gusta a Moli-

na ("—Si me dieran a elegir una película que pudiera ver de nuevo, elegiría ésta." (p. 63)).[61] Molina pregunta reiteradamente y con ansiedad a Valentín respecto de este filme: "¿Te gusta la película?" (pp. 59, 63). P_2 se constituirá en un agudo foco tensional que permitirá la mostración polarizada de ambos actores: Valentín condena al filme ideológicamente, desenmascarándolo ("Es una inmundicia nazi, ¿o no te das cuenta?" (p. 63)): Molina recurre a una valoración pseudoesteticista para la cual la índole tendenciosa de la película es irrelevante (—"Me ofendés porque te... te creés que no... no me doy cuenta que es de propaganda na... nazi, pero si a mí me gusta es porque está bien hecha, aparte de eso es una obra de arte" (p. 63)). Valentín declara que el filme no le gusta, pero que se interesa en él como material de propaganda (p. 85).[62] A partir de esta colisión, se evidencian como rasgos característicos de Molina y Valentín, respectivamente, el contacto afectivo inmediato y el distanciamiento reflexivo.

P_3 gusta con locura a Molina ("a mamá le gustó con locura, y a mí también," (p. 116)). Este es un filme que, según Molina, no gustaría a Valentín, quien no llegará a conocerlo ("—Voy a pensar yo en alguna película, alguna que a vos no te guste, una bien romántica." (p. 103)).

P_4 no gusta a Molina ("no es una película que a mí me guste [...] —Es de esas películas que les gustan a los hombres" (p. 118)). Sin embargo, cuando Valentín compara los filmes escuchados, el preferido por él resulta ser P_1 y no P_4 ("Esa fue la que más me gustó." (p. 163)). Si asumiéramos la caracterización tipificadora que Molina ofrece respecto de P_4, podríamos captar que el texto otorga aquí un indicio de una ambigüedad sexual existente en Valentín. La homosexualidad latente de este personaje se manifestaría en la satisfacción que le produce la unión sexual con Molina, lo que Valentín reconoce durante su delirio (" *pero te gustó, y eso no tendría que perdonártelo* pero *nunca más la voy a ver en la vida*," (p. 286)).

P_5 suscita en Valentín un discurso metafórico a través del cual el personaje manifiesta su rechazo a Molina y a las imágenes triviales que éste configura.[63] No obstante, Valentín es capturado por la trama ("—Si no falta mucho para el final termínamela ahora." (p. 196)) y declara, requerido por Molina, que la película "es muy entretenida." (p. 208). Ante la pregunta directa de Molina: "¿Te gustó?" (p. 216), Valentín responde: "—Sí, mucho." (p. 217).

El relato de P_6 responde a un pedido de Valentín, quien desea que Molina cuente una película que guste a éste mucho; por razones afectivas, conectadas con la evolución de la relación de ambos actores (Función vinculadora de los filmes), Valentín desestima en este caso la importancia de su propia valoración: "—No, si te gusta a vos, Molina, me va a gustar a mí, aunque a mí no me guste." (p. 225). Valentín reconoce más adelante estar interesado en el relato (p. 234).

La función manifestativa de las películas es reforzada por lo que respecta a P_1 a través de las explícitas identificaciones de Valentín y Molina con personajes de dicho filme. Valentín inaugura desembozadamente esta perspectiva y es resueltamente seguido por Molina:

> —¿Con quién te identificás?, ¿con Irena o la arquitecta?
> —Con Irena, qué te creés. Es la protagonista, pedazo de pavo. Yo siempre con la heroína [...].
> —¿Y vos Valentín, con quién? [...].
> —Reíte. Con el psicoanalista. (p. 31).[64]

Contribuye también a la mostración del ser de los personajes, la puesta en evidencia de sus principios de selección. Molina decide que el departamento al cual el galán lleva a la muchacha en P_1, pertenece a la madre de éste, poniendo así de manifiesto el tipo de relación de depencencia existente entre él mismo y su madre.[65] Siguiendo su tendencia racionalista, Valentín ofrece una interpretación psicologista de P_1. El principio de selección es comprensiblemente apreciable en los momentos en que se exhibe la corriente de conciencia de los personajes y opera la libre asociación; la mención del término "mesa", por ejemplo, que Molina emplea al referir internamente P_3 es el punto de partida de toda una cadena asociativa en la que emergen dos personajes fundamentales para Molina como objeto de su deseo: el mozo de restaurante y su madre. P_4, al permitir el contraste entre la versión de Molina y la variante onírica de Valentín, es un ejemplo perfecto de cómo el principio de selección muestra las obsesiones de cada personaje, e.g., en el relato de Molina, el hijo "tiene una debilidad especial por la madre" (p. 120) y en el desenlace, "quedan juntos, el hijo y la madre" (p. 126); en la versión de Valentín, aparece primeramente la figura deseada por él, de la mujer inteligente y más adelante, la figura rechazada, de la muchacha campesina; esto refleja el conflicto interno del personaje, que será explicitado a Molina —y al lector— sólo páginas más adelante; la ejecución de la madre, ordenada por el muchacho en la versión de Valentín, parece revelar la relación conflictiva de éste con su madre ("—Mi madre es una mujer muy... difícil, por eso no te hablo de ella. No le gustaron nunca mis ideas, ella siente que todo lo que tiene se lo merece, la familia de ella tiene dinero, y cierta posición social (p. 125)).[66] P_5 suscita asociaciones de ambos personajes, las que son clave para la captación del proceso interno de cada uno: Molina, obsesionado por el estado de su madre, no puede dejar de pensar en enfermos (*"una enfermera negra, vieja, buena, enfermera de día, a la noche deja sola con el enfermo grave a una enfermera blanca, nueva, la expone al contagio"* (p. 167)); Valentín descarga —como hemos señalado— su antagonismo respecto de Molina mediante una serie de imágenes que muestran la fragilidad de este último.

Nos interesa centrarnos en la índole de las transformaciones experimentadas por Molina y Valentín, las que ya hemos conectado a la función vinculadora cumplida por los relatos fílmicos.

Molina logra cortar la total dependencia en que se encontraba respecto de su madre, lo que se evidencia en las frases siguientes: "Escuchame. Mamá ya tuvo su vida, ella vivió, ya tuvo su marido, su hijo... Ya es vieja, ya su vida está casi cumplida [...]. ¿Pero mi vida cuándo empieza?, ¿cuándo me va a tocar algo a mí, tener algo?" (p. 258).

Frente a la desembozada ambigüedad sexual de Molina —la cual el personaje tiende a superar identificándose con una mujer ("Nosotras somos mujeres normales que nos acostamos con hombres." (p. 207))—, advertimos en Valentín una posible soterrada ambigüedad sexual, a la que hemos aludido, conjuntamente con una ambigüedad de otra índole, consistente en una fluctuación del personaje entre su ideología y su deseo. Esta última ambigüedad será en parte superada en virtud del contacto entre él y Molina; ella es ya captable (función manifestativa) a partir de las reacciones contradictorias de Valentín respecto de P_1, las que fluctúan entre atracción y rechazo, pareciendo dominar la primera:

Seguí. (p. 13).

—No, mejor a la noche, durante el día no quiero pensar en esas macanas. Hay cosas más importantes en que pensar. (p. 15).

—Nada, contame, dale Molina. (p. 24).

—Sí, pero seguí un poco más. (p. 31).

—¡Estás loco!, ¿y la pantera? Me dejaste en suspenso desde anoche. (p. 34).

A raíz de este mismo filme, se desenmascara la emotividad de Valentín, oculta tras su afán de racionalidad ("—Que me da lástima porque me encariñé con los personajes. Y ahora se terminó, y es como si estuvieran muertos." (p. 47)). La ambigüedad a que nos referimos, se hace explícita por lo que respecta al conflicto —aludido— entre el verdadero objeto de su deseo y aquél que Valentín desearía asumir como tal, respectivamente, Marta y su compañera:

—Sí, porque yo ha... hablo mucho pero... pero en el fondo lo que me me... me... sigue gustando es... otro tipo de mujer, adentro mío yo soy igual que todos los reaccionarios hijos de puta que me mataron a mi compañero... Soy como ellos, igualito. (p. 147).

A través de su contacto con Molina, logrará Valentín un aflojamiento de su represión; el desarrollo textual permite en este sentido el desenmascaramiento progresivo de este personaje, proceso que alcanzará su máxima expresión en el momento del delirio. En dicho momento, Valentín hace suyos los relatos populares de Molina; se queda con el objeto de su deseo, Marta; reconoce, como señaláramos, el placer que le ha provocado la relación sexual con Molina.

El cambio que experimenta Valentín es registrable —según adelantáramos— a partir de sus observaciones respecto al estímulo cinematográfico. En relación a P_1, Valentín responde en ocasiones mediante interrupciones —que se enmascaran con una apariencia de exactitud y son reveladoras de un antagonismo:

—No, no se acuerda del frío, está como en otro mundo, ensimismada dibujando a la pantera.
—*Si está ensimismada no está en otro mundo. Esa es una contradicción.* (p. 10).*

---

*El subrayado es nuestro.

Ella parece que pudiera caminar por la calle por primera
vez, como si hubiese estado presa y ahora libre puede agarrar para cualquier parte.
—*Pero él la lleva a un restaurant, dijiste vos, no para
cualquier parte.*
—Ay, no me exijas tanta precisión. (p. 12).*

En otros momentos, la reacción de Valentín es burlesca y manifiestamente distanciadora, estando a punto de paralizar el relato:

—Bueno, él la quiere besar. Y ella no se le deja acer-
car.
—*Y tendrá mal aliento, que no se lavó los dientes.*
—Si te vas a burlar no tiene gracia que te cuente más.
(p. 20).*[67]

—Esperate. El acepta, y se casan. Y cuando llega la
noche de bodas, ella duerme en la cama y él en el sofá.
—*Mirando los adornos de la madre.*
—Si te vas a reir no sigo. (p. 21).*

Asimismo exterioriza Valentín respecto de este filme, su inclinación
represiva, rechazando ciertos temas:

—Perdón pero acordate de lo que te dije, no hagas
descripciones eróticas. Sabés que no conviene. (p. 10).

—No hables de comidas [...].
—De veras, te lo pido en serio. Ni de comidas ni de
mujeres desnudas. (p. 20).

La interpretación psicologista que Valentín sugiere respecto de
esta película, es reductora y deformante; Valentín se aleja máximamente del contemplador virtual del filme:

—Bueno, yo creo que ella es frígida, que tiene miedo
al hombre, o tiene una idea del sexo muy violenta, y por
eso inventa cosas. (p. 21).[68]

*El subrayado es nuestro.

Lo mismo ocurre en otros momentos en los que Valentín anula la distancia contemplativa y ocupa al relato como un estímulo para exteriorizar su ideología; respecto de la madre del protagonista de P_1, por ejemplo, Valentín postula:

> —Sí, está siempre impecable. Perfecto. Tiene sirvientas, explota a la gente que no tiene más remedio que servirla, por unas monedas. Y claro, que fue muy feliz con su marido, que la explotó a su vez a ella, le hizo hacer todo lo que él quiso, que estuviera encerrada en su casa como una esclava, para esperarlo... (p. 22).

Un nuevo movimiento de identificación —respecto de P_4— lleva a Valentín a la ya señalada creación de una variante. A raíz de este filme, Valentín formula un pedido análogo a los pedidos-órdenes planteados respecto de P_1, pero se capta ahora un tono distinto, indicio de la transformación del personaje: "—Por favor, no me hables ni de comidas ni de bebidas." (p. 165). Como culminación de su apertura y de la anulación de su actitud anterior, Valentín solicita respecto de P_6: "—Describime el escote. No te saltees." (p. 227). A estas alturas del desarrollo diegético, se ha creado ya una suerte de círculo inextricable en el mundo configurado: las películas han suscitado la afectividad recíproca de los personajes y ésta ha estimulado el interés y la receptividad de Valentín por los filmes. La identificación de Valentín con el protagonista de P_4 o de Molina con las heroínas de las metadiégesis, dará lugar a una identificación recíproca de los protagonistas de la diégesis.

Molina es quien exterioriza su identificación con Valentín, luego del primer contacto sexual entre ambos:

> —Me pareció que yo no estaba... que estabas vos solo [...].
> —O que yo no era yo. Que ahora yo... eras vos. (p. 222).

En el delirio de Valentín, muestra la identificación su dirección inversa: Valentín se ha apropiado de Molina y es ahora el emisor de un discurso que ha fagocitado las instancias narrativo-fílmicas, antes vertidas por Molina.[69]

Adjudicamos a este momento de delirio —especialmente importante por su ubicación al final del texto— un especial poder revelador; en el delirio predomina la materialidad del lenguaje; su origen está en el cuerpo humano y el deseo (Lecercle 1985).[70] Ello es así, no obstante el delirio de Valentín se caracteriza por una extremada coherencia y en ningún nivel de lenguaje se produce un traspasar la frontera entre lo permitido por la norma y lo prohibido; el discurso parece estar al servicio de un supuesto acto comunicativo entre Valentín y Marta.[71]

El delirio de Valentín anulará, sin embargo, una frontera —la que antes se viera reiteradamente amenazada por Molina—; se trata de la frontera que separa a la diégesis de las metadiégesis. Valentín transforma a los espacios metadiegéticos en ámbitos por los que él se desplaza; la escenografia de P_2 —el filme, según hemos destacado, predilecto de Molina y el más rechazado por Valentín— aparece en el delirio primeramente por negación ("ni de un lado de la costa ni del otro se ve el velero pintado en cartón [...] no se oyen maracas" (p. 283)) y luego por presencia ("me parece que cayó una flor en la arena" (ibid.)). La intervención interrogativa de Marta contribuye a actualizar la escenografía modelo (" '¿una orquídea salvaje?' " (ibid.)); al igual que en el relato de Molina, la flor origina una mujer, pero no se tratará ahora de Leni sino de una nativa con la que Valentín se relaciona sexualmente. Las preguntas de Marta ayudan otra vez a traer a presencia a las metadiégesis: "¿no será una señal de peligro?" (p. 285) nos transporta a P_5, donde los tambores "anunciaban siempre sufrimientos, y también la muerte." (p. 216); " '¿de lamé plateado, que le ajusta la figura como una vaina?' " (p. 285) nos devuelve a P_2, donde Leni aparece exactamente con ese atavío; " '¿una lágrima que brilla como un diamante?' " (p. 285) corresponde a la lágrima de Leni: "Al escapar la lágrima del ojo no le brilla mucho, pero al ir resbalándole por el pómulo altísimo le va brillando tanto como los diamantes del collar." (p. 62). Reaparece luego el *close-up* con que finaliza P_6 ("y en un primer plano que ocupa toda la pantalla al final de la película" (p. 285)), pero la protagonista ha cedido su lugar a la mujer araña, la que reitera un argumento de Molina respecto de dicho filme: "porque es un final enigmático" (ibid.), suscitando la misma respuesta, si bien interrumpida, que antes —en su diálogo con Molina— ofreciera Valentín: "y yo le contesto que está bien así, que es lo mejor de la película porque significa que..." (ibid.).

El espacio en el que se sitúa Valentín en su delirio es la isla, con su proyección simbólica paradisíaca; éste es el escenario suministrado por P_2 con una artificialidad desembozada, opuesto a la isla maligna configurada en P_5; el espacio de la celda habitado por él y Molina ha sido concebido por Valentín como una isla protectora: "Es como si estuviésemos en una isla desierta. Una isla en la que tal vez estemos solos años. Porque, sí, fuera de la celda están nuestros opresores, pero adentro no." (p. 206). Es muy importante destacar por lo que respecta a la transformación de Valentín, que en su delirio, hacia el final mismo del texto, el personaje recupera su faceta distintiva y aspira a dejar "la isla" y continuar la lucha; su elección tiene valor indicial aun cuando dada la situación en que el actor se encuentra, no fuera éste sino un deseo irrealizable.

Resulta de interés captar la existencia de una relación especular entre la diégesis y las metadiégesis; ello puede ser observado en dos niveles: a) rasgos comunes a todos los filmes, en relación de equivalencia con rasgos de la diégesis y b) aspectos específicos equivalentes entre una determinada película y la diégesis.

En el desarrollo diegético de cada filme nos parece dominante el motivo amoroso.[72] Podría pensarse que ello no ocurre así en P_4, película especial desde el punto de vista del destinador, por tratarse de un filme "que gusta a los hombres"; sin embargo, cabe postular que en la estructura profunda de dicho relato, predomina el amor del joven por la madre.

Dos variantes son advertibles en la plasmación de dicho motivo amoroso: configuración de una sola relación erótica entre personajes protagónicos, interrumpida por la muerte de uno de los amantes (I) y substitución de una primera relación imperfecta por una segunda que, salvo en P_3, se vislumbra perfecta (II). La primera posibilidad se cumple en P_2 y P_6 (respectivamente, relación entre Leni y el oficial alemán — muerte de Leni; relación entre el muchacho reportero y la actriz — muerte del muchacho). El segundo caso corresponde a P_1 (substitución de la mujer pantera por la colega), P_3 (substitución de la novia por la sirvientita), P_4 (la mujer un poco madura, substituto psicológico de la madre, es literalmente reemplazada por la madre) y P_5 (el novio que espera a la muchacha en la isla del Caribe es reemplazado por el capitón del barco). En cada caso, el nuevo actor es conocido desde antes y se encuentra en una "actitud de espera".

En cada relato, surgen —como factor dinamizante de la trama— uno o más obstáculos a la relación amorosa, los que en algunos casos se imponen (+) y en otros son superados (-); ellos podrían ser señalados del siguiente modo:

P_1: la naturaleza animal de la mujer (+)
P_2: pertenencia de Leni y el oficial a facciones antagóni-
cas (-)
P_3: rostro desfigurado del muchacho (+) 1ª rel.; (-) 2ª rel.
fealdad de la sirvientita (-) 2ª rel.
P_4: dominio del padre (-)
aparición de la mujer madura (-)
P_5: la debilidad del muchacho, su dipsomanía (+)
P_6: el magnate protector (-)
la pobreza de los protagonistas (+)

Obsérvese que P_3, relato singular en cuanto a que su destinador y su destinatario coinciden, es también especial respecto a dos puntos considerados: según ya señalábamos, la segunda relación no es vislumbrada como perfecta; surgen en ella, a diferencia de los otros casos, obstáculos; éstos serán superados, habiendo uno de ellos sido un obstáculo insalvable en la primera relación.

Otro rasgo común relevante en los relatos metadiegéticos, es la intencionalidad de un desenlace eufórico, inclusive en los casos en que no se configura un convencional "happy end"; este último está ausente en P_2 y P_6, correspondientes a la variante I; en ambos casos el discurso recurre a un procedimiento análogo —el uso de una adversativa que introduce una circunstancia patemáticamente antitética— para crear el efecto eufórico: en P_2 luego de abandonar la estatua de Leni en el panteón de los héroes, el oficial alemán "camina solo, *pero* por un camino lleno de sol."* (p. 100); en P_6 se ofrece el siguiente final: "Y de golpe se ve grande en primer plano la cara de ella; con los ojos llenos de lágrimas, *pero* con una sonrisa en los labios."* (p. 263).

Observemos cómo los rasgos comunes señalados tienen su réplica en el relato diegético. Este configura una relación dialógico- amorosa entre los protagonistas; diseña el proceso de anulación de un obstáculo, constituido por las personalidades radicalmente antitéticas de Molina y Valentín. Se combinan y complican las dos variantes advertidas en los relatos metadiegéticos: la relación erótica entre los personajes protagónicos es interrumpida por la muerte de uno de ellos (I); Molina es substituido por Marta, quien era el verdadero objeto del deseo de Valentín (II), cumpliéndose dicha substitución en la irreali-

_____

*El subrayado es nuestro.

dad verdadera del delirio.[73] A diferencia de lo que ocurre con las relaciones substituidas de las metadiégesis, la relación de Molina y Valentín no es vista como imperfecta de acuerdo al sistema apreciativo del texto, sino que su surgimiento señala una positiva transformación de Valentín. Así como las metadiégesis —y como contaminado por éstas— el relato primero se esfuerza por lograr un desenlace eufórico, en el que resuene el "happy end" paraliterario; ello no obstante —y en total contraste con— las circunstancias configuradas (muerte de Molina, tortura de Valentín); esto es posibilitado por la presentación final del discurso delirante de Valentín, plasmador, según lo señala la última frase del texto, de un sueño corto pero feliz. La brevedad señalada no llega a provocar un efecto disfórico debido a la abundancia de elementos eufóricos, cuales son: la presencia de Molina en Valentín, la presencia de Marta que se insinúa como persistente, el escenario de la isla paradisíaca, la confianza de Valentín en que pronto reiniciará su tarea. La ideología misma del texto así lo pretende a partir de juicios de Valentín suscitados por P_6, juicios que aparecen como portadores de verdad:

> —Quiere decir que aunque ella se haya quedado sin nada, está contenta de haber tenido por lo menos una relación verdadera en la vida, aunque ya se haya terminado. [...]
> —Es que habría que saber aceptar las cosas como se dan, y apreciar lo bueno que te pase, aunque no dure. Porque nada es para siempre. (p. 263).

Señalemos aún otra relación de equivalencia entre el relato primero y las metadiégesis: el secreto de Molina (su complicidad con las autoridades de la cárcel) se refleja en los relatos que él refiere: P_1 el secreto de la mujer-pantera respecto de su naturaleza; P_2: el secreto de Leni sobre sus actividades de espionaje y contraespionaje; P_5: el secreto relativo a lo acaecido a la primera esposa del muchacho; P_6: el secreto concerniente a la doble vida de la muchacha.

Respecto de P_4, hay un desplazamiento y será en la variante onírica de Valentín que aparecerá el secreto: la madre oculta la inocencia de su esposo y la culpa de su amante. Este desplazamiento podría explicarse del siguiente modo: Molina elimina el secreto en el relato que especialmente debía gustar a Valentín; el hecho de que el secreto aparezca en la variante de este último, correspondería a una vislumbre por parte de Valentín —jamás hecha consciente— del secreto de Molina.

Un rasgo que se encuentra en notoria relación de equivalencia antitética al comparar el relato primero a la totalidad de los metadiegéticos, concierne a los espacios: frente a la clausura espacial diseñada en el relato primero (una cárcel en Buenos Aires), las metadiégesis configuran cada una un espacio distinto, todos foráneos, lo que coadyuva al propósito de evasión de los protagonistas: P_1: Nueva York; P_2: París, Berlín; P_3: Estados Unidos; P_4: Sur de Francia, afueras de Montecarlo, un país latinoamericano; P_5: una isla del Caribe; P_6: México.

Por lo que respecta a las relaciones de equivalencia entre aspectos específicos de las metadiégesis y el relato primero, cabe señalar:

La mujer pantera de P_1 es el modelo sobre la base del cual Valentín acuña la denominación "mujer araña", que captará la esencia de Molina ("—Vos sos la mujer araña, que atrapa a los hombres en su tela." (p. 265)) y se incorpora al título de la novela.[74]

La muerte violenta de Leni, vinculada a una causa política que ha hecho suya por motivos amorosos, tiene su equivalencia en la muerte de Molina. En el delirio de Valentín, Marta lúcidamente dice: "yo creo que se dejó matar porque así se moría como la heroína de una película" (p. 285); en efecto, Molina murió como Leni, la heroína de su película preferida.

La fuerza del amor como provocador de cambios es un sentido que se desprende de P_3 y que se refleja en la diégesis por lo que respecta a Molina.

Hay equivalencias indudables entre el protagonista de P_4 y Valentín, que el mismo texto explicita ("—Un poco como la película que te estaba contando." (p. 125)): ambos tienen una vinculación problemática con la madre, quien está separada del padre (el muchacho —como Molina— siente una "debilidad especial por la madre" (p. 120); Valentín tiene una relación antagónica con la suya); la madre del muchacho es idealista; la de Valentín parece satisfacerse con su dinero y su posición social. El protagonista de dicho filme sirve de base para la réplica que Valentín hará de sí mismo, al originar la señalada variante onírica de P_4: Valentín incorpora a ese personaje, su idealismo, su rechazo por la muchacha humilde, la relación conflictiva con su madre, su propia ambigüedad (el muchacho ordena la ejecución de su madre y al verla agonizante "empuña la ametralladora para ejecutar a los soldados que acaban de acribillarla" (p. 149)).

Ya hemos señalado cómo P_6 prefigura el desenlace trágico pero eufórico del relato primero y de la novela. El sacrificio infructuoso que la protagonista de este filme realiza por su amante (prostitución) podría analogarse al sacrificio —también infructuoso— que Molina realiza por Valentín, si bien en el primer caso, la acción implica degradación y en el segundo, mejoramiento, de acuerdo a la respectiva axiología de cada relato. El delirio del muchacho previo a su muerte prefigura el delirio de Valentín.

Atendiendo a los tres tipos de relación que, según Genette (1972), pueden unir el relato metadiegético al relato primero en el que aquél se inserta,[75] observamos que las metadiégesis de BMA combinan rasgos del segundo y tercer tipo: como corresponde al segundo tipo, no hay ninguna continuidad espacio-temporal entre diégesis y metadiégesis y sí relaciones de contraste y analogía; pero el acto mismo de narración cumple, además —como se desprende de nuestro análisis— funciones en la diégesis, independientemente del contenido metadiegético —función enajenante, función vinculadora— lo cual caracteriza al tercer tipo de relación de Genette. Este último tipo de relación se refuerza en P_6 por cuanto pareciera que al referir dicho filme, para Molina —así como para Scheherazada— el acto de relatar cumpliera una función preservadora: mientras dure el relato, la separación de Molina y Valentín no será impuesta:

—Antes me tenés que terminar la película.
—Uf; falta mucho, esta noche no la termino.
—Si en estos días me hubieses contado otro poco, ya esta noche la terminábamos. ¿Por qué no me quisiste contar más?
—No sé.
—Pensá que puede ser la última película que me contés.
—Será por eso, vaya a saber. (p. 239).

—¿Y ahí termina?
—No, sigue todavía, pero el final lo dejamos para otro día. (p. 245).[76]

Las canciones son la otra manifestación señaladamente popular presente en BMA. En ellas el discurso constituye un bloque estereotípico cuyo efecto emotivo es intensificado por el correspondiente acompañamiento melódico, a veces explícita y morosamente mencionado por el texto:

> y llegan ecos lejanos de cantos de pescadores, una música de cuerdas, muy delicada, no se sabe si de guitarras, o de arpas. Y él, como en un susurro, le va poniendo letra a esa melodía, casi le habla más que cantarle, y con un compás muy lento, como el que le van marcando esos instrumentos que suenan tan por allá lejos. (p. 243).[77]

El texto presenta fragmentos de siete canciones;[78] la primera aparece en el nivel diegético y las otras seis surgen como componentes de la trama de P_6, cumpliendo una función de intensificación emotiva que repercute en la totalidad del texto; ello es significativo desde el punto de vista del desarrollo diegético pues la relación entre Molina y Valentín ha llegado en esos momentos a su cúspide y la separación surge como amenaza.

Tal como en los filmes, el motivo amoroso es constante en las canciones. C_1 corresponde al bolero "Mi carta" y emerge, de acuerdo a la intencionalidad de Molina, en adecuación a un determinado momento del desarrollo diegético: Valentín ha recibido una carta que lo ha deprimido; Molina alude a este hecho por medio de la canción y provoca así el desencadenamiento del diálogo (función manifestativa y función vinculadora); la canción configura una relación amorosa afectada por la necesaria separación de los amantes y un juramento de unión eterna. C_2 actualiza el mismo esquema: amor, separación, certeza de la persistencia de la unión; aparece aquí el motivo de la mentira — que relacionamos con el secreto — presente en el relato diegético y en P_6 ("me hacen daño tus labios... que saben mentir..." (p. 230)). C_3 exhibe la proclamación del propio amor, en medio del dolor de la separación; vuelve a surgir el motivo de la mentira, que aparece aquí como un imperativo: "... y si quieren saber de tu pasado, es preciso decir una mentira," (p. 234); "... y si quieren saber de mi pasado, es preciso decir otra mentira," (ibid.). La protagonista de P_6 canta C_4 pensando en su amado; el esquema de la canción es nuevamente: amor, separación, negación del olvido. C_5 configura un momento de unión dichosa de los amantes: la vida aparece subordinada al amor, como corresponde al deseo de Molina. C_6 diseña una situación dolorosa de separación, coincidente con la separación de los amantes en P_6, prefiguradoras ambas de la separación de Molina y Valentín, presentida por el primero:

—Valentín, tengo un mal presentimiento.
—¿Cuál?
—Que me van a cambiar de celda, y nada más, que no me van a dejar libre, y no te voy a ver más. (p. 245).

C_7 diseña desde el punto de vista acústico, una situación de perfecta armonía, contrastante con la situación verdadera de los protagonistas de P_6 y con la de los protagonistas de la diégesis; la canción es susurrada por el muchacho en su delirio y es repetida por su amada, sonando "un fondo musical que viene como del mar" (p. 261); esta canción plasma la unión de dos seres, la presencia del uno en el otro: "... Te llevo muy dentro, muy dentro de mí..." (ibid.), lo que anticipa la incorporación de Molina a Valentín, puesta en evidencia durante el delirio de este último. De acuerdo a la tendencia al final eufórico del relato diegético y de los metadiegéticos, la última canción que aparecerá en P_6 y en el texto, será nuevamente C_5, proclamadora del triunfo del amor.

Así como ocurriera con los relatos fílmicos, las reacciones que las canciones suscitan en Valentín, ponen de manifiesto la ambigüedad del personaje: Valentín rechaza el romanticismo "ñoño" de C_1, pero finaliza aceptando la canción ("—No está mal, de veras" (p. 141)) y aun señala luego que otro fue el verdadero motivo de su rechazo (pp. 147 y s.). El impulsará la citación de las canciones, tal como hiciera con los relatos de películas: "—Decilo todo completo." (p. 140); "¿Y cómo sigue?" (p. 229).

* * *

La zona paraliteraria tiene, de este modo, una doble manifestación en BMA: la fundamental constituida por las películas, cuya versión narrativa es presentada en la novela y la otra, consistente en fragmentos de canciones cuya letra se incorpora al texto.

El motivo amoroso —predilecto de la paraliteratura— vincula a estas dos manifestaciones entre sí y con el relato diegético. El esquema dominante en las canciones: relación amorosa, separación, certeza en la persistencia de la unión, se daría en aquellas narraciones fílmicas correspondientes a la variante I, en las que la separación es causada por la muerte y cabría suponer que el amor persiste más allá de ella.

Según hemos mostrado, las manifestaciones paraliterarias cumplen funciones importantes en el desarrollo diegético; ellas, de suyo configuradoras de historias apelativo-emotivas, profundamente estereotípicas, plasmadas de acuerdo a una estética de la plenitud, favorecen la enajenación del contemplador; esto ocurriría en el caso de las narraciones fílmicas, dado el efecto pre-hipnótico, el estado regresivo, la ilusión de realidad que el dispositivo cinematográfico suscita y en las canciones, debido a la conjunción del despliegue estereotípico de sentimientos con una melodía exacerbadora de la emotividad. La situación comunicativa en la que se transmiten estos mensajes paraliterarios, contribuye, además, a la manifestación y vinculación de los actores protagónicos, redundando esta última en la transformación de Molina y Valentín.

El desenlace intencionalmente eufórico del relato diegético, de las metadiégesis, de la canción final, correspondería a la apetencia paraliteraria del "happy end"; pero el humorismo que en oportunidades manifiesta Marta —destinataria supuesta del delirio de Valentín, en el que ella participa— instaura una perspectiva distanciadora, que impide el desenlace melodramático y contribuye a diferenciar a la novela como totalidad, de sus contenidos paraliterarios.

NOTAS

1. En adelante, nos referiremos a este texto con la abreviatura LM y al citarlo, señalaremos el número de la página junto al momento citado.

2. Hacemos uso del metalenguaje empleado por Martínez Bonati (1960).

3. Respecto al carácter paraliterario de la prensa, véase Tortel (1970). Sullerot señala en dicho texto: "Je crois beaucoup à l'influence sur la littérature de toute une paralittérature, qui n'est pas de fiction [...]. Regardez par exemple Le Clézio qui fait des passages entiers de ses livres avec du langage journalistique, des citations de faits divers, etc. Comme un de nos problèmes de base est l'influence de la paralittérature sur la littérature et celle de la littérature sur la paralittérature, il me semblait un peu dommage de se limiter à la paralittérature de fiction." (Ibid., p. 31).

4. "la retórica del periodismo informativo se aproxima a la técnica publicitaria, e incluso se le llega a identificar, pues también la noticia, igual que el anuncio mercantil, tiene su intención utilitaria más o menos patente, y si presta un servicio al público es por

MYRNA SOLOTOREVSKY

algo; también la noticia se propone influir en el únimo del lector, es en alguna medida 'tendenciosa''' (Ayala 1985, p. 54).

5. El texto evidencia también su afán verosimilizante en las persistentes justificaciones o motivaciones que ofrece al insertar en su trama los artículos periodísticos y presentar la traducción al castellano de los que lo requieren: el grupo está constituyendo un expediente general de noticias; Susana confecciona un libro de lectura destinado a Manuel, álbum al que incorpora noticias en diversos idiomas; se exhibe la relación temática entre un artículo y un acontecimiento del mundo ficticio, e.g., cartas de Sara y artículo denunciando la violación de derechos humanos en América Central (p. 55); existencia de personajes que no saben francés (Fernando, Madalena), a quienes hay que traducir los textos. Corresponde a la misma tendencia naturalizante, la mostración de relaciones entre personajes ficticios y reales: Heredia conoce a Alicia Quinteros (p. 185); Monique conoce, según Susana, a Nadine Ringart (p. 31).

Extratextualmente, Cortázar ha afirmado de manera clara y explícita, esta intención verosimilizante: "En cambio en el *Libro de Manuel,* los recortes obedecen a una finalidad evidente. Te voy a explicar por qué puse yo las reproducciones fotográficas de los documentos, de los telegramas y de las noticias de la prensa. Es porque si no, hay ciertas cosas tan monstruosas que la gente no las hubiera creído. Hubiera dicho: Cortázar inventa. Entonces está el documento, ¿comprendes?'' (Picon Garfield 1981, p. 56).

6. El paratexto lúcidamente focaliza estas contradicciones cuando señala, en el inicio del prólogo: "este libro no solamente no parece lo que quiere ser sino con frecuencia parece lo que no quiere'' (p. 7).

La frustración de la verosimilitud es en el mismo prólogo explícitamente reconocida: "No cabe duda de que las cosas que pasan aquí no pueden pasar de manera tan inverosímil'' (ibid.).

El enfático reconocimiento por parte de Cortázar, de elementos absurdos, sería un indicio de su preocupación por un verosímil realista: "Sé que el asalto al chalet de Verrières y la liberación del Vip son de un absurdo total'' (Ortega, ed. 1973, p. 36). "Fíjate que hay elementos absurdos. Hay muchas cosas que se supone que están contadas por el que te dije que no podía saber, no tenía acceso a eso. En principio todo el libro sería el resultado de las fichas del que te dije, pero el que te dije no podía conocer las escenas eróticas, por ejemplo.'' (Picón Garfield 1981, p. 57).

7. Respecto al "hermetismo'', ha señalado Ortega y Gasset: "Es menester que el autor construya un recinto hermético, sin agujero ni rendija por los cuales, desde dentro de la novela, entreveamos el horizonte de la realidad. La razón de ello no parece complicada. Si se nos deja comparar el mundo interior del libro con el externo y real, y se nos invita a 'vivir', los tamaños, dimensiones, problemas, apasionamientos que en aquél nos son propuestos, menguarán tanto de proporción e intensidad que habrá de desvanecerse todo su prestigio.'' (1956, p. 179).

Si bien asumimos que la presencia de instancias reales puede vulnerar el hermetismo del texto, pensamos, a diferencia de Ortega y Gasset, que el texto real incorporado a una estructura ficticia, pasa a ser —como real— un elemento más de ésta sin provocar necesariamente un debilitamiento de los elementos ficticios que la constituyen.

Ha señalado, al respecto, Waugh: "the incorporation of *any* discourse into the literary frame assimilates it to the alternative world of fiction and detaches it from normal referential functions in the everyday context." (1984, p. 143).

8.   Cortázar ha destacado la índole lúdica de su creación: "En mi caso la literatura ha sido una actividad lúdica —con toda la seriedad que para mí tiene el juego—;" (González Bermejo 1978, p. 133) y ha entendido lo lúdico "como una visión en la que las cosas dejan de tener sus funciones establecidas para asumir muchas veces funciones muy diferentes, funciones inventadas." (Prego 1985, p. 136).

9.   En la misma línea de pensamiento, cabe señalar a Eco: "Dentro del marco de un enfoque constructivista de los mundos posibles, también el llamado mundo 'real' de referencia debe considerarse como una construcción cultural. [...] Esto explica la necesidad metodológica de tratar al mundo 'real' como una construcción e, incluso, de mostrar que cada vez que comparamos un desarrollo posible de acontecimientos con las cosas tal como son, de hecho nos representamos las cosas tal como son en forma de una construcción cultural limitada, provisional y *ad-hoc*." (1981, pp. 186 y s.). Se refiere, también, a la realidad como construcción, Waugh (1984, pp. 48-61).

Importa sí subrayar que, en una dimensión pragmática, destinador y destinatario coinciden en asumir al texto periodístico como documento informativo de una realidad externa a él.

10.   LM relativiza también los significados de los microtextos periodísticos al mostrarlos dependientes de traducciones ("a traducção è um mal necessario" [p. 203], sostiene Heredia) e interpretaciones a veces, como hemos señalado, antitéticas.

11.   "En tant que *second* signe en effet, la mise en abyme ne met pas seulement en relief les intentions signifiantes du *premier* (le récit qui la comporte), elle manifeste qu'il (n')est lui aussi (qu')un signe et proclame tel n'importe quel trope —mais avec une puissance décuplée par sa taille: "*Je suis littérature, moi et le récit qui m'*enchâsse" (Dällenbach 1977, pp. 78 y s.).

El señalado crítico entiende por construcción en abismo de la enunciación: "1) la 'presentification' diégetique du producteur ou du recepteur du récit, 2) la mise en évidence de la production ou de la réception comme telles, 3) la manifestation du contexte qui conditionne (qui a conditionné) cette production— réception." (p. 100). En cuanto a la construcción en abismo del código o metatextual, ella revela el principio del funcionamiento del texto.

12.   Afirma Dällenbach respecto de esta clase de construcción en abismo: "En tant qu'elle condense ou cite la matière d'un récit, elle constitue un énoncé qui réfère à un autre énoncé." (1977, p. 76).

13.   Genette ha destacado el comprensible carácter desverozimilizante de la metalepsis:

"Tous ces jeux manifestent par l'intensité de leurs effets l'importance de la limite qu'ils s'ingénient à franchir au mépris de la vraisemblance, *et qui est précisement la narration (ou la représentation) elle-même*" (1972, p. 245).

Concuerda claramente con nuestra interpretación de LM, Incledon, quien señala: "Al final de la novela es evidente que el álbum de Manuel es también la novela o "manual" que leemos." (1980, p. 513).

El valor pedagógico del álbum destinado a Manuel se acrecienta al incorporar a él la totalidad de la información correspondiente al libro de Cortázar, incluyendo el ámbito de primer plano; piénsese, por ejemplo, en el valor formativo de la transformación de Andrés. En un nivel simbólico, el destinatario de ambos textos —que son uno— es el hombre nuevo.

14.   "La rhétorique des figures a donc pour ambition d'établir un code des connotations littéraires, ou de ce que Barthes a appelé les *Signes de la Littérature*. A chaque fois qu'il emploie une figure reconnue par le code, l'écrivain charge son langage non seulement d''exprimer sa pensée', mais aussi de notifier une qualité épique, lyrique, didactique, oratoire, etc., de se désigner soi-même commo langage littéraire, et de signifier la littérature." (Genette 1966, p. 220).

15.   "—Fíjate, por ejemplo, en el final del libro donde se acumulan los documentos, las pruebas, el hecho de haberlos puesto en una doble columna, las torturas en la Argentina y las torturas en Vietnam, eso es deliberado [...]. Por un lado es desde luego una posición de hombre de izquierda de Latinoamérica contra el sistema norteamericano. En eso no hay la menor duda. Pero, no, la cosa no termina allí. Yo las puse así porque ciertos izquierdistas latinoamericanos que piensan que todo lo que es latinoamericano en principio es bueno y que todo lo que es norteamericano es malo, están completamente equivocados. Es decir, que en cierto tipo de circunstancias los mecanismos se repiten fatalmente. Porque los que torturan en la América Latina son mis enemigos, nuestros enemigos; pero son argentinos, son bolivianos, son brasileños, es decir es gente de América Latina." (Picon Garfield 1981, pp. 27 y s.).

16.   LM señala su adhesión al montaje cinematográfico al enunciar: "La manera de percibir imita cada vez más los montajes del buen cine" (p. 236).

17.   En el montaje espacial, el tiempo permanece fijo y el elemento espacial cambia (Humphrey 1959).

18.   Se representa aquí con riqueza metafórica, el carácter del mito según Barthes (1957): el mito impone como natural y necesario, aquello que es histórico y relativo.

19.   Recuérdese el célebre análisis de Jakobson (1960) sobre la fórmula publicitaria: "I like Ike".

20.   "If one takes a piece of banal journalistic prose and sets it down on a page as a lyric poem, surrounded by intimidating margins of silence, the words remain the same but their effects for readers are substantially altered." (Culler 1975, p. 161).

21. El modo imperativo ha sido considerado por Barthes (1957) como una de las disposiciones míticas que posee la lengua.

22. Refiriéndose a la propaganda en sentido amplio y no a la específicamente publicitaria, ha señalado Ellul (1966) cómo en ese ámbito los estereotipos existentes son despertados por símbolos.

23. Extratextualmente, Cortázar se ha referido así al efecto enajenante de la publicidad: "Hay toda una demagogia de la publicidad, la publicidad del automóvil, la publicidad de la refrigeradora, la publicidad de cualquier cosa, tratando de convencer al ciudadano de que él es un individuo y que entonces puede elegir entre un Chevrolet, Cadillac, y Ford, y el hombre ingenuo de la calle lo cree y lo que no se da cuenta es que toda máquina publicitaria está montada para que finalmente él elija uno de los caminos que se le proponen y que responden a los mismos intereses, puede ser un 'trust' o dos o cinco o el capital en general, entendido en su conjunto, pero finalmente la tal libertad no existe." (Picon Garfield 1981, p. 64). Han tratado lúcidamente este tema, entre otros, Barthes (1957, pp. 82-85), Dorfles (1969, pp. 177-191), Keyser (1983).

24. "En passant de l'histoire à la nature, le mythe fait une économie: il abolit la complexité des actes humains, leur donne la simplicité des essences, il supprime toute dialectique, toute remontée au-delà du visible immédiat, il organise un monde sans contradictions parce que sans profondeur, un monde étalé dans l'évidence, il fonde une clarté heureuse: les choses ont l'air de signifier toutes seules." (Barthes 1957, p. 231).

25. Refiriéndose a estas páginas, ha afirmado Cortázar: "Sí, hay dos que se refieren al episodio de las niñas que se escapan del reformatorio de la Plata, y que han obsesionado a Oscar [...]. Entonces las dos páginas contienen dos frases, dos frases brutales desde los policías que están persiguiendo a las niñas y que probablemente van a tratar de violarlas. Entonces el hecho de que está cortado así es para que el lector pueda reconstruirlo. A mí no me interesaba incluir eso dentro del texto. Son como 'glimpses' que Oscar puede pensar, es un pedazo del pensamiento de Oscar. Así como a veces hay pedacitos de pensamiento con la letra pequeñita, hay también allí como una especie de pantalla, *plok*, un momento de su pensamiento," (Picon Garfield 1981, p. 74).

26. Si bien nos resulta operativo el empleo de la distinción: hard news, soft news —perteneciente al código periodístico— para señalar el distinto grado de trascendencia de las noticias insertas en LM, no podemos sino cuestionar la necesidad de la oposición: importancia vs. interés que subyace a dicha distinción: "Finally, newsworkers may simply summarize: 'Hard news' concerns important matters and 'soft news', interesting matters." (Tuchman 1978, p. 48). Tuchman (1973) reconoce adecuadamente la dificultad —si no la imposibilidad— de decidir si un acontecimiento es interesante o importante o tanto lo uno como lo otro.

27. "'Hard news' is the news of government activity, of politics, of international relations, of education, of religion, of legislatures, courts, and most public and private

social agencies." (Charnley 1966, p. 35). El autor identifica, en cambio, "soft news" con "human interest stories, news of crime and lust and comedy" (ibid.)

28. "Indeed, the same event may be treated as either a hard news or a soft news story." (Tuchman 1973, p. 114).

29. En adelante, nos referiremos a este texto con la abreviatura TJE y al citarlo, señalaremos el número de la página junto al momento citado.

30. Marito vislumbra y apunta a esta diferencia cualitativa entre literatura y paraliteratura, cuando señala desde una perspectiva cuantitativa: "Para un parto de trillizos, con cesárea y todo, sólo necesita cinco minutos, qué más quiere. Yo me he demorado tres semanas para un cuento de tres muchachos que levitan aprovechando la presión de los aviones." (p. 233). Lo mismo ocurre cuando Marito explica a la tía Julia: "Pedro Camacho es un intelectual entre comillas" (p. 165).

31. Yndurain (1981), sin considerar esta ambigüedad, resuelve que Marito es el escribidor y lo opone a Pedro Camacho, el escriba. A su vez, López Morales (1980-1981) asimila el escribidor a Pedro Camacho, sin plantearse la otra posibilidad.

32. "Par opposition à toutes les formes de fiction, la biographie et l'autobiographie sont des textes *référentiels*: exactement comme le discours scientifique ou historique, ils prétendent apporter une information sur une 'réalité' extérieure au texte, et donc se soumettre à une épreuve de *vérification*. Leur but n'est pas la simple vraisemblance mais la ressemblance au vrai. Non 'l'effet de réel', mais l'image du réel. Tous les textes référentiels comportent donc ce que j'appelerai un *'pacte référentiel'*, implicite ou explicite, dans lequel sont inclus une définition du champ du réel visé et un énoncé des modalités et du degré de ressemblance auxquels le texte prétend." (Lejeune 1975, p. 36).

Una perspectiva crítica respecto a la de Lejeune —que no hacemos nuestra en cuanto no tendemos a asimilar sin más, autobiografía y ficción— se encuentra en Ryan (1980). Spengeman sistematiza adecuadamente al señalar dos tendencias distintas concernientes a la autobiografía: "On the one side are those critics who continue to insist that autobiography must employ biographical —which is to say historical rather than fictional— materials. On the other side, there are those who assert the right of autobiographers to present themselves in whatever form they may find appropriate and necessary." (1980, p. xii).

33. La apariencia autobiográfica aparece reforzada debido a la intensidad de la focalización en el narrador. Véase Ifri (1987).

34. Según Julia Urquidi Illanes, Vargas Llosa ha escrito epistolarmente sobre TJE: "En fin, espero que la lectura de esta novela —pues, pese a todo, se trata de una novela y no de una autobiografía— no te cause irritación ni te ofendas. Tengo la impresión, por lo demás, de que a los lectores los episodios REALES les parecerán tan imaginarios (y tal vez más) como los otros." (1983, p. 293).

35. Aludiéndose a Julia Urquidi, se señala: "Dijo que puesto que en el libro de Vargas Llosa hay inexactitudes sobre esa vida en común ella las pone en su lugar en su propia

obra." "Ex Esposa de Vargas Llosa Publica Libro," *El Mercurio,* 23-XI-1982, p. A 8. Julia Urquidi responde a una novela de Vargas Llosa con un texto que es sí una autobiografía.

36. A este respecto, González Boixó, se refiere al radioteatro transformado de TJE y señala: "Sin embargo, en los radioteatros de Pedro Camacho, evidentemente, se trata de obras aptas para ser leídas, pero que difícilmente admitirían el ser radiadas. No obstante, el lector debe suponer que estas narraciones que se van intercalando a lo largo de toda la novela responden de manera idéntica a los libretos que escribe Pedro Camacho" (1978, p. 147).

Oviedo afirma: "si bien es evidente que esas historias son de Camacho, no puede decirse que sean las mismas que se retransmiten por la radio [...] son fragmentos de la imaginación de Camacho, dispersos y caóticos, que realmente dan forma a la *historia de su mente.*" (1983a, p. 218).

Magnarelli señala: "the even-numbered chapters are not soap operas in and of themselves, but rather prose imitations of soap operas, each of which further imitates the literary style of other writers." (1986, p. 203).

A su vez, Mario Vargas Llosa se refiere a estos capítulos, diciendo que ellos "son supuestamente o síntesis o paráfrasis de los radioteatros del protagonista," (Oviedo 1983b, p. 204).

37. Nos parece importante destacar esta diferencia, en relación a afirmaciones que tienden a homogeneizar ambas zonas, e.g., refiriéndose a la historia de las relaciones amorosas entre Marito y Julia, Jones señala: "With the technique of alternating chapters, the reader finds himself thrust into the position of Camacho's radio audience who must wait a day to learn what comes next." (1979, p. 77).

38. Bermúdez señala, refiriéndose a una radionovela: "Por lo general, la técnica de cierre viene anunciada con la iniciación de un conflicto que se deja en suspenso para aprisionar el interés del oyente. *El Derecho de Nacer* se rige, invariablemente, por la siguiente estructura hiática:

> ¿Qué resultará de la entrevista de María Elena con Alfredo? [...] ¿La ayudará al fin María Dolores? ¿Cómo guardará el secreto de esa materni-dad? Eso lo sabremos mañana cuando nos reunamos nuevamente con ustedes para radiar un capítulo más de: *El Derecho de Nacer,* la dramática novela de Félix B. Caignet, el más humano de los autores. 1979, pp. 83 y s.).

39. Denominaremos a cada radioteatro con la letra R, agregando un coeficiente numérico que señala su orden de presentación en el texto.

40. Dichas situaciones son: incesto entre hermanos, posible asesinato de un polizón, supuesta violación de una menor, posibles parricidio y "epitalamicidio" (p. 185).

41. La novela se inaugura patentizando esa distancia, situándonos en una suerte de

"illo tempore": "En ese tiempo remoto, yo era muy joven y vivía con mis abuelos en una quinta de paredes blancas" (p. 11).

La tendencia a destrascendentalizar se advierte claramente en el último capítulo, que configura el matrimonio con Julia y el correspondiente divorcio, con un alto grado de elaboración y una implacable ruptura de elementos radionovelescos:

> EL MATRIMONIO con la tía Julia fue realmente un éxito y duró bastante más de lo que todos los parientes, y hasta ella misma, habían temido, deseado o pronosticado: ocho años. [...]
> Cuando la tía Julia y yo nos divorciamos hubo en mi dilatada familia copiosas lágrimas, porque todo el mundo (empezando por mi madre y mi padre, claro está) la adoraba. (p. 429).

42. "Intertextuality is sometimes used quite explicitly by soap opera writers in their never-ending search for new plot twists." (Allen 1983, p. 101).

43. Brunsdon, refiriéndose a una *soap opera,* señala que la coherencia de la serial proviene de la continuidad de los marcos morales e ideológicos que informan al diálogo. "It is these frameworks that are explored, rehearsed and made explicit for the viewer in the repeated mulling over actions and possibilities. *Crossroads* is in the business not of creating narrative excitement, suspense, delay and resolution, but of constructing moral consensus about the conduct of personal life." (1983, p. 79).

Respecto del melodrama, Brooks ha afirmado: "Leur point focal peut être défini ici comme l'admiration de la vertu. Affrontement et péripétie sont conçus pour rendre possible un hommage aussi spectaculaire que public à la vertu, pour mettre en évidence son pouvoir et ses effets. Le langage a continuellement recours à l'hyperbole et aux antithèses grandioses pour expliciter et imposer le caractère admirable de la vertu." (1974, p. 341).

44. Al referirnos a una actitud irónico-satírica captable en los radioteatros, no estamos atribuyéndola al autor de los mismos, Pedro Camacho. La novela problematiza la presencia o carencia de sentido del humor en dicho personaje:

> Esta vez no había duda, era un humorista sutil, se burlaba de mí y de sus oyentes, no creía palabra de lo que decía, practicaba el aristocrático deporte de probarse a sí mismo que los humanos éramos unos irremisibles imbéciles. (p. 193).

> la tía Julia me había hecho reír y confirmado mis sospechas de que el escribidor era un humorista que disimulaba. (p. 242).

Pero, más adelante hay una afirmación que parece ser lapidaria, formulada por el narrador al reencontrar a Camacho: "También en eso seguía siendo el de antes: en su carencia absoluta de humor." (p. 442). Camacho mismo resultaría ironizado y objeto de sátira al emitir los juicios antes señalados de cuyo *ethos* él no tendría conciencia.

45. Se refiere a ambos clichés, López Morales, quien señala respecto del primero: "podemos afirmar que la repetición, a través de los nueve relatos, de dicha descripción, la ha convertido en cliché y podemos describirlo como propio de la escritura de Camacho." (1980, p. 1008).

López Morales llama la atención sobre el hecho de que esta descripción, convertida en cliché por la reiteración, desprovista de su semanticidad primera, tendría sólo un efecto cómico, el cual resulta explícito en el último radioteatro, "en que la 'frente ancha' es ahora 'frente penetrante', la 'nariz aguileña' se transforma en 'nariz ancha', y 'mirada penetrante' en 'mirada aguileña'" (p. 1009).

Respecto del segundo cliché, piensa la crítica que " 'la cincuentena' reforzará la finalidad irónica, ya que no es precisamente el período culminante de la existencia humana [...]. 'La cincuentena' también contribuye a la estereotipización de los personajes camachescos, pero constituye un estereotipo fracasado que representa más bien al antihéroe por excelencia, en contraposición con el jovencito de folletín, con el príncipe azul de la novela rosa; en general, con todos los especímenes que la subliteratura ha prefabricado para la gran masa." (p. 1010).

46. Asumiendo la misma perspectiva, afirma Modleski: "Tune in tomorrow, not in order to find out the answers, but to see what further complications will defer the resolutions and introduce new questions. Thus the narrative, by placing ever more complex obstacles between desire and its fulfillment, makes anticipation of an end an end in itself." (1979, p. 12).

47. En adelante nos referiremos a este texto con la abreviatura BMA y al citarlo, señalaremos el número de página junto al momento citado.

48. Una reiteración de la inmediatez señalada en el emerger de la zona paraliteraria, se da al comienzo de los capítulos 3 y 4; en estos casos sabemos ya desde la primera línea —lo que no ocurría en el capítulo 1— que estamos frente a una metadiégesis. El capítulo 7 se inicia también con una manifestación popular, pero de otra índole: la citación de la letra de un bolero.

49. Bremond realiza una distinción entre "cinéma d'auteurs" y "cinéma de vedettes", entendiendo a este último como el cine de la cultura de masas, "un cinéma de la participation émotionelle. Le spectateur fusionne affectivement avec le héros, ou plutôt, à travers le héros, avec la vedette. Peu importent le réalisateur, qu'on ne voit pas; la photo qu'on ne perçoit pas pour elle-même." (1963, p. 155). Los filmes relatados en BMA —de índole melodramática, sobresentimental— reflejan en un máximo grado rasgos atribuibles a dicha clase.

50. Es interesante destacar que el lenguaje fílmico y el verbal operan como sistemas significantes en sentido inverso: "Generally film is found to work from perception toward signification [...] from the givenness of a world to the meaning of a story [...].

Literary fiction works oppositely. It begins with signs [...] building to propositions which attempt to develop perception [...] elaborating a world out of a story." (Andrew 1984, p. 101).

En el caso de BMA, se realiza un esfuerzo por recuperar y transmitir a través del lenguaje, el mundo con el que ya desde el principio nos afecta el filme.

51.   "Dès sa naissance à la fin du XIXe siècle, le cinéma a été commo happé par la tradition occidentale et aristotélicienne des arts de fiction et de représentation, de la *diégésis* et de la *mimésis,* à laquelle les spectateurs étaient préparés —préparés en esprit, mais aussi pulsionellement— par l'expérience du roman, du théâtre, de la peinture figurative, et qui était donc la plus rentable pour l'industrie du cinéma. Aujourd'hui encore, la plupart des films tournés participent à un degré ou à un autre de la formule fictionelle" (Metz 1975, p. 28).

Metz caracteriza al filme de ficción como aquél en el que el significante cinematográfico no trabaja por cuenta propia, sino que se dedica enteramente a borrar las huellas de sus pasos, a abrirse de inmediato sobre la transparencia de un significado, de una historia, que en realidad está fabricada por él, pero a la que simula transmitir como si ya hubiera existido antes (=ilusión referencial). Este *efecto de existencia anterior* es, según Metz, uno de los grandes encantos (ampliamente inconsciente) de toda ficción.

52.   "The exotic presupposes a deliberate *contrast of the alien to one's own*; the alien quality of the foreign is emphasized, relished, so to speak, and depicted in detail against a background of what is taken to be one's own, normal and familiar." (Bakhtine 1978b, p. 507).

53.   A diferencia de nuestro planteamiento, Borinsky, cuya interpretación potencia al máximo la importancia del aparato policial en la novela, subestima, a raíz de ello, el diálogo entre los personajes: "El diálogo entre Molina y Arregui es un circuito desplegado por la policía que teje las imágenes de violencia dejadas de lado por Molina en su recuerdo de las películas [...]. *El beso de la mujer araña* es una novela dialogada donde el diálogo no puede decir nada, excepto mostrar la visibilidad extrema de las víctimas." (1978, p. 57). Borinsky, basándose en el mismo criterio, negaría la posibilidad de evasión de los actores mediante el lenguage: "Por más que traten, lo único que pueden decir es la prisión." (p. 40).

Desde la perspectiva de Borinsky, las películas son un instrumento mediante el cual Molina seduce a Valentín. "La seducción ha hecho que ambos amantes queden atrapados en la misma tela." (p. 72).

54.   Afirma Barthes: "le Réel, lui, ne connaît que des distances, le Symboliqué ne connaît que des masques; seule l'image (l'Imaginaire) est *proche,* seule l'image est '*vrai*' (peut produire le retentissement de la vérité)." (1975, p. 106).

55.   "Que el cine provoca en el espectador un sentimiento de autenticidad que no logrará alcanzar ningún otro arte y sólo comparable a las sensaciones provocadas por

las impresiones de la vida es algo indudable. Es evidente que ello da a la impresión artística una intensidad especial." (Lotman 1979, p. 101). Originalmente publicado en 1973.

56. "Ce serait bien le désir en tant que tel, disons le désir du désir, la nostalgie d'un état d'accomplissement de désir à travers d'une perception en une formation se rapprochant de l'hallucination, qui serait en jeu et mis en activité par le dispositif cinématografique." (Baudry 1975, p. 70).

Sin duda que este estado regresivo se lograría con especial intensidad en el cine de masas. "The film is a world made present to this spectator who is locked into a primary relation with the recording camera" (Andrew 1984, p. 151).

57. Diversas interpretaciones podrían surgir respecto a la índole de esa transformación. Muñoz la enfoca del siguiente modo: "Valentín Arregui llega a la cárcel con una postura ideológica maniqueísta, sufre una transformación como resultado de su relación con Molina y deja de ser verosímil cuando la combinación de sus rasgos semánticos se altera, se amplía. Al comenzar la novela, Valentín es tan verosímil (pero no tan estereotípico) como Molina; al terminar la novela, Valentín ha liberado a la 'mujer' que lleva dentro. Su liberación utópica plantea la posibilidad de un nuevo ser sexual." (1986, p. 364). Para Borinsky, "Molina ha logrado que Arregui haga surgir de sí aquello que Molina *es*. Sus ideas marxistas son cosmético para ocultar lo esencial: la intimidad, la omnipresencia de la pequeña burguesía, un erotismo cuya grandeza de ambición estética son las películas nazis. Pero narradas por Molina." (1978, p. 61).

58. Designaremos las películas con una letra P y un coeficiente numérico, estando siempre conscientes de que nos encontramos frente a un relato fílmico. Las páginas que anotaremos corresponden a la extensión de cada relato segundo, la cual se encuentra interrumpida por inserciones diegéticas:

P_1: filme sobre la mujer pantera (pp. 9-47).
P_2: filme de propaganda nazi (pp. 55-100).
P_3: filme sobre el ciego, la sirvientita y el muchacho herido (pp. 104-116).
P_4: filme sobre el muchacho sudamericano que corre en carreras de auto (pp. 118-126).
P_5: filme sobre los zombis (pp. 163-216).
P_6: filme sobre la actriz de cine y el muchacho periodista (pp. 226-263).

59. La siguiente cita de Balázs permite captar muy bien la intencionalidad del *close-up* en los dos momentos señalados de BMA: "The close-up may sometimes give the impression of a mere naturalist preoccupation with detail. But good close-ups radiate a tender human attitude in the contemplation of hidden things, a delicate solicitude, a gentle bending over the intimacies of life-in-the-miniature, a warm sensibility. Good close-ups

are lyrical; it is the heart, not the eye, that has perceived them." (1970, p. 56). El rostro enfocado en primer plano nos saca, según Balázs, del espacio y nos hace sentir que súbitamente hemos quedado a solas con ese rostro, ello con exclusión del resto del mundo.

Según Tynyanov, "A close-up abstracts a thing or detail or a face from a set of spatial relationships and at the same time takes it out of the structure of time." (1982, p. 40).

Obsérvese que Molina intenta transmitir mediante procedimientos discursivos, los señalados efectos del *close-up*. En el segundo momento citado, correspondiente a P_2, el uso del superlativo "finísima" y de la proposición comparativa hipotética: "como si la flor se transformara en mujer", así como el empleo del término "esfumada", que recuerda el "fundido" cinematográfico, sugieren la solícita atención al objeto, atribuida al primer plano. En el momento citado de P_6, mediante la reiteración del término "grande", se pretende mostrar el rostro de la protagonista como imagen omniabarcadora, abstraída del espacio y del tiempo.

60.   En términos freudianos, identificamos el gusto con el efecto de placer que cada relato suscita. Freud (1970) atribuye el placer al ahorro de gasto psíquico; a causa de dicho ahorro, el reencuentro con lo conocido, con lo estereotípico, suscita placer.

Metz se refiere al regocijo que se produce cuando se ven reflejadas en la pantalla, imágenes del mundo externo, que en alto grado coinciden con nuestras imágenes internas y define el efecto producido como: "the temporary rupture of a quite ordinary solitude." (1976, p. 98). Destaca Metz que el filme narrativo contribuye a nutrir el flujo fantasmático del sujeto y a irrigar las figuras de su deseo.

Kristeva explica del siguiente modo, la seducción de lo especular: "non seulement le spéculaire absorbe les frayages pulsionnels archaïques, les agressivités non symbolisées; mais il les pourvoit et pour cela même séduit. Le spéculaire: dépositaire final et le plus efficace des agressions et des angoisses, et fourvoyeur-séducteur magistral." (1975, p. 76).

61.   La preferencia de Molina —encarnación del contemplador paraliterario— por este filme, resultaría comprensible también desde la siguiente perspectiva: P_2 por su montaje ideológico (respecto de este concepto, véase Gubern 1974, pp. 84 y s.), su índole propagandística —que el texto se encarga de hacer tan explícita, recurriendo aun a una nota fingidamente real— potencia la conatividad inherente a los mensajes paraliterarios.

Cabe destacar que, no obstante la valoración positiva de BMA respecto a la paraliteratura, sin embargo, en el caso de P_2, el texto permite la posibilidad de una captación irónica; ello especialmente a partir de inversiones configuradas en la nota señalada: los judíos aparecen en ella como provocadores del holocausto, del cual fueron víctimas; ellos —y no los nazis— constituyen una "organización letal" (p. 92); la reacción atribuida en dicha nota a Leni: "Su Francia le parece innegablemente negrificada y judía." (p. 94), podría suscitar una reacción contraria y burlesca.

62. La reacción de Valentín podría ser entendida a partir de la siguiente explicación de Metz: "filmic unpleasure [...] can result equally from an intervention of the superego and the defenses of the ego, which are frightened and counterattack when, on the other hand, the satisfaction of the id has been too lively, as sometimes happens with films 'in bad taste' [...] or extremist, or childish, or sentimental, or sado-pornographic films, etc., in a word, films against which we defend ourselves (at least when we have been touched)" (1976, p. 81).

63. "Valentín sospecha que Molina es meramente un repertorio, una memoria computadora de películas triviales: 'El cerebro hueco, el cráneo de vidrio, lleno de estampas de santos y putas, alguien tira al pobre cerebro de vidrio contra la pared inmunda, el cerebro de vidrio se rompe, se caen al suelo todas las estampas' (p. 176)" (Echavarren 1978, p. 70).

64. Respecto de la identificación proclamada por Molina, cabe destacar la siguiente caracterización del "sistema de estrellas": "The star system as a whole depended on the fetishization of woman. Much of the work done on the star system concentrates on the star as the focus for false and alienating dreams." (Johnston 1977, p. 411).

No es extraño que Valentín se identifique con el personaje que encarna en el filme, el espíritu reflexivo. Tiene valor prefigurador respecto al desarrollo diegético, el fracaso en P_1 de la facultad analítica y la transformación en víctima del personaje que la sustenta.

Metz (1975) considera el problema de la identificación en el cine, partiendo de una comparación con la fase del espejo, según Lacan. La película es como el espejo —lugar de identificación primaria—, pero difiere de él en un punto esencial: ha desaparecido en ella, el reflejo del propio cuerpo y el cine se encuentra desde este punto de vista, del lado de lo simbólico. Surge, entonces, la pregunta: ¿a qué se identifica el espectador durante la proyección de la película? pues la identificación es necesaria por depender el espectador de un juego identificador permanente sin el cual no habría vida social. Metz concluye señalando que la identificación con un personaje de ficción o con un actor no constituyen la identificación cinematográfica primaria; ésta corresponde a la identificación del espectador consigo mismo como puro acto de percepción, como condición de posibilidad de lo percibido, por consiguiente, como una especie de sujeto trascendental, anterior a todo *hay*. En el cine, el espectador no participa para nada en lo percibido, al contrario es *omnipercibiente,* instancia constituyente del significante del cine (él es quien hace la película).

65. Recurriendo a la máscara del cine, los personajes logran manifestarse autodistanciéndose. Peralta (1983) alude a este aspecto al referirse al relato cinematográfico que Valentín ofrece de Marta, como si fuera "la historia de Jane Randolph".

66. El intenso grado en que Valentín es afectado por dicha relación, se pone de manifiesto en el momento del delirio, al emerger la figura de la madre recriminadora: *"pero debajo del agua mi madre oye todo lo que pienso y estamos hablando [...] me*

pregunta si es cierto todo eso que sacaron los diarios, que murió mi compañero de celda, en un tiroteo, y si fue culpa mía, y si no me da vergüenza de haberle traído tanta mala suerte" (p. 284).

67. Este paralizar el relato no es ciertamente intencional, como lo revela la pronta respuesta de Valentín: "No, por favor, te escucho." (p. 20). Es importante destacar que desde el primer filme hasta el último, es Valentín un persistente impulsor de los relatos cinematográficos.

68. La inadecuación de las racionalizaciones psicologistas de Valentín, resultaría sugestivamente puesta de manifiesto a través de las siguientes afirmaciones emitidas sobre la película en la cual el relato de Molina se funda: "The Cat People":

> the film demonstrates the limits of psychoanalysis and rationality in general when faced with femininity [...]. *The Cat People* transforms the unconscious or the instinctual not only into an object which is, by definition, outside the grasp of psychoanalysis [...]. Yet her death (Irena's death) demands that of the psychoanalyst; it entails the death of a science which purports to include what should remain excluded: female sexuality and all that is beyond conscious reason. (Doane 1985, pp. 214 y s.).

69. Resulta sugestivo recordar que para Freud (1981), la identificación es, desde el principio, ambivalente y puede concretarse tanto en una exteriorización cariñosa como en el deseo de supresión; la identificación se comporta así como una ramificación de la fase oral de la organización de la libido, durante la cual el sujeto se incorpora al objeto ansiado y estimado, comiéndoselo y de este modo destruyéndolo.

Valentín ha destruido a Molina (éste muere víctima del plan urdido por el primero) y lo fagocita, al introyectar su discurso.

70. Lecercle caracteriza lo que él específicamente entiende como *délire,* del siguiente modo: "*Délire* then, is the experience of the body within language, of the destruction and painful reconstruction of the speaking subject, not through the illusory mastery of language and consciousness, but through possession by language. The subject understands that he does not speak language, he is spoken by it." (1985, p. 40).

71. Ni siquiera en esta situación delirante se cumple el deseo de Molina: ser el destinatario de una película contada por Valentín ("—Cómo me gustaría que me contaras vos una, ahora. Una que yo no haya visto." (p. 102)); el destinatario imaginado será Marta y Molina = la mujer-araña, será objeto del relato.

Molina sólo logrará ser destinatario de su propio relato, por lo que respecta a P_3.

72. En un plano de extremada generalidad, Masiello ha señalado respecto de este punto: "we observe similar structural features which link film fictions and events of prison inmates: each tale presents a variation of a basic set-love, conflict, separation, resolution. Similar sequential relations are duplicated in all episodes so that chaos invades order and disturbs an otherwise harmonious world. Ordered events in the films are

reproduced in the basic fictional set represented by the stories of Molina and Valentín. In emblematic fashion, the films condense and prefigure the experience of inmates.'' (1978, p. 18). A su vez, Reedy, manteniéndose en la señalada generalidad, afirma: ''Todas las películas están relacionadas con la situación de Molina y Valentín por la temática del contenido; es decir que cada película versa sobre una historia amorosa en la cual hay personas cuya vida y felicidad son amenazadas por fuerzas ajenas a su control.'' (1981, p. 111).

73. La ''rivalidad'' entre Molina y Marta se hace explícita en dicha situación: '' *'yo sé lo que le hiciste, y no estoy celosa, porque nunca más la vas a ver en la vida', es que ella estaba muy triste, ¿no te das cuenta? 'pero te gustó, y eso no tendría que perdonártelo' pero nunca más la voy a ver en la vida''* (p. 286).

74. La Mujer Araña es una figura protectora tradicional, dotada de poderes mágicos (véase al respecto Campbell 1959, pp. 70 y s., 88, 123). Mediante una inversión, esta figura asumiría en BMA, un rol inicialmente negativo (acuerdo entre Molina y las autoridades de la penitenciaría) para luego transformarse en una figura protectora y como tal será asumida por Valentín. Molina es asimismo la araña creadora —destinador de relatos fílmicos— que atrapa a Valentín en su tela (respecto de la simbología atribuible a la araña, véase Cirlot 1958, s.v.).

75. El primer tipo de relación corresponde a una causalidad directa entre los acontecimientos de la metadiégesis y los de la diégesis. El segundo tipo consiste en una relación puramente temática. El tercer tipo no supone ninguna relación explícita entre los dos niveles de la historia, siendo el acto de narración en sí el que cumple una función en la diégesis (p. 242).

76. Valentín, por su parte, realizando una analogía entre relato y vida, teme a los finales, lo que ha puesto de manifiesto respecto del primer filme:

—Si, y me da lástima que se termine. (p. 43).

—Que me da lástima porque me encariñé con los personajes. Y ahora se terminó, y es como si estuvieran muertos. (p. 47).

Kermode se ha referido así a la relación entre los hombres y el Fin: ''They fear it, and as far as we can see have always done so; the End is a figure for their own death. (So, perhaps, are all ends in fiction, even if represented [...] as cathartic discharges.)'' (1967, p. 7).

77. Lévi-Strauss ha señalado que función emotiva y lenguaje musical son coextensivos y se ha referido a la relación de la música con lo fisiológico, lo visceral: ''La música saca a relucir al individuo sus raíces fisiológicas [...] se nos aferra a las vísceras'' (1968, p. 36). Este es propiamente el designio de las canciones populares citadas en BMA.

El conocedor de dichas canciones —caso que es el de Molina y el de posibles destinatarios de la novela, pero no el de Valentín— capta la letra y la melodía de estas canciones como un todo.

78.   Designaremos las canciones con una letra C y un coeficiente numérico; junto a cada canción, anotaremos los números de las páginas en las que la canción aparece:

C_1:   pp. 137, 140 y s.

C_2:   pp 229 y s., 233.

C_3:   p. 234.

C_4:   p. 240.

C_5:   pp. 243, 262 y s.

C_6:   p. 244.

C_7:   p. 261.

REFLEXIONES FINALES

Luego de un deslindamiento teórico y valorativo de las zonas literatura y paraliteratura, nuestro trabajo se ha centrado en la mostración de las diferentes relaciones que —en distintos niveles— estos ámbitos asumen en determinados textos latinoamericanos contemporáneos, constitutivos del corpus elegido. Dicho sintéticamente, hemos caracterizado la relación existente entre literatura y paraliteratura, como simultáneamente conflictiva y dialógica.

Se desprende del análisis realizado que el material paraliterario, al ser subordinado a una dominante poética que lo transforma y lo convierte en objeto de contemplación, y al ser adecuadamente elaborado por el texto literario que lo incorpora, es él mismo renovado, refuncionalizado y proyecta un efecto revitalizante en la estructura literaria a que pertenece.

Nuestro primer estudio ha confrontado dos casos opuestos: el empleo del cliché —propio, como hemos destacado, de la paraliteratura— en PA y BP. Hemos advertido que en el primero de dichos textos, la creación de una perspectiva desautomatizante no se logra, no obstante el empleo de una incipiente ironía; en el segundo caso, en cambio, los clichés serán anulados e imperará la desautomatización, la cual provoca ruptura y anula el placentero efecto de intimidad suscitado por la palabra compartida (Borinsky 1978, p. 59); en virtud de una perspectiva distanciadora, los clichés del texto son transformados en clichés representados. Esta posibilidad de vivificación del cliché al ser incluido en un contexto determinado, resulta especialmente interesante si se asume que el estereotipo es "peligro" que siempre nos acecha: "en chaque signe dort ce monstre: un stéreotype" (Barthes 1978, p. 15).

La distancia o diferencia necesarias para el surgimiento de "otra perspectiva", se logra, según muestra el Capítulo 2, mediante el empleo de la parodia de géneros paraliterarios, cuyas estrategias son puestas de manifiesto: el folletín, la novelita rosa, el texto detectivesco, la novela pornográfica; dichos géneros, brindándose como material parodiable, resultan subvertidos y suscitadores de valores estéticos.

Nos encontramos, pues, frente a un tipo de parodia eminentemente dialéctica en términos de Rose: "dialectical parody may aim at producing a new subject, and a new style, from its refunctioning of its target as a part of its own text" (1979, p. 171 y s.). Dicha parodia despliega respecto de las convenciones genéricas paraliterarias su especial capacidad vitalizante. La duplicidad o ambivalencia básica inherente a la parodia (imitación + diferencia) se adecua en nuestro caso a la índole conflictiva que atribuimos a la relación entre parodiante (literario) y parodiado (paraliterario).

La amplitud del concepto parodia que hemos empleado —la parodia como provocadora de un *ethos* que fluctúa desde respetuoso hasta litigante— permite anular temores y reservas que un uso restringido del término puede suscitar. Recordemos, por ejemplo, las persistentes precauciones de Puig a este respecto:

> But parody is a word I don't trust too much because it carries some degree of scorn. Very seldom do I let myself go in the direction of scorn. (Christ 1977, p. 58).

> Yo no tengo una intención paródica. Uso a veces cierto humor porque mis temas son tan ácidos, tan mezquinos, que sería realmente muy árido un desarrollo de todo eso sin un elemento de humor [...]. Volviendo a lo de parodia, parodia significa burla, y yo no me burlo de mis personajes, comparto con ellos una cantidad de cuestiones, su lenguaje, sus gustos. (Corbatta 1983, p. 597).

En los textos analizados, en los que predomina la diferencia respecto del género parodiado, la estrategia básica empleada corresponde a imitación + inversión (Ej.: finales de entregas carentes de tensión en BP, tendencia de TBA a la expansión, anulación en MYB de las dos historias distinguibles en el texto policial, existencia de una trama en MDM), a lo cual se puede añadir: imitación + hipérbole (Ej.: mención de las placas recordatorias colocadas en la tumba de Juan Carlos en BP., las que intensifican la estética de la plenitud propia del modelo; proliferación de interrogantes en TBA; potenciación en MYB de la doble inversión correspondiente al texto policial, al adjudicar al aparente victimario, el rol de víctima).

El *ethos* paródico resultante será, en estas obras, respetuoso, lúdico, sin llegarse al *ethos* litigante; en oportunidades emergerá el *ethos* burlesco de la ironía, un acabado ejemplo de ello es MYB. La ironía, en ocasiones, se proyecta no sólo al mundo configurado sino también al lector (MYB, MDM). La parodia creará expectativas en el lector respecto de ciertas convenciones genéricas, expectativas que serán sistemática y progresivamente frustradas.

La relación literatura-paraliteratura posibilita así el despliegue de un espacio en el cual se desarrollan actitudes distanciadoras, neutralizantes de una estética de la intensidad, cuales son la parodia y la ironía, propias del postmodernismo (Eco 1983b). Dichas actitudes son estrategias adecuadas para subvertir el material paraliterario (trama, discurso, género) y refuncionalizarlo estéticamente.

El Capítulo 3 exhibe de manera muy patente el juego entre macrotextos literarios y microtextos paraliterarios de diferente índole, pudiendo distinguirse entre éstos, textos reales, insertos como tales en la obra literaria (LM) y textos ficticios constitutivos de metadiégesis, que han sufrido un proceso de elaboración: abstracción de la fábula a partir de un supuesto sujet (TJE); transformación de un lenguaje cinematográfico en uno narrativo (BMA). Corresponde asimismo a estos microtextos una distinta expansión y distribución en el macrotexto que los contiene. Hemos considerado, también, las transformaciones experimentadas por los microtextos y el influjo que ellos ejercen en la estructura total.

El carácter paródico se hace ostensible en este Capítulo por lo que respecta a los microrrelatos de TJE, que exacerban la hipérbole propia de su modelo, suscitando un *ethos* lúdico y aun litigante, llegándose hasta la parodia satírica.

Pensamos que los textos considerados están dirigidos —como totalidad— a *un* lector virtual capaz de captar el juego dialógico entre literatura y paraliteratura, las actitudes distanciadoras que en dicho juego emergen, y en quien surge el *ethos* adecuado, que las obras tienden a provocar. No habría, pues, lugar, a nuestro juicio, para un lector que se satisficiera al leer estos textos, con la mera captación de la materia paraliteraria, e.g., que leyera BP como un folletín, MYB como un texto policial o se complaciera sin más con las fábulas radioteatrales de TJE o los relatos fílmicos de BMA.

No propiciamos, por consiguiente, una distinción como la que realiza Williams respecto de TJE, entre un lector de literatura seria y un lector de literatura popular: "esta novela resuelve la contradicción teórica entre literatura seria y literatura popular discurriendo a un tipo de lector para la una y otro para la otra." (1979, p. 206). Estimamos que el lector modelo de estos textos se enfrentará a dificultades —distintas de la mera resolución de un enigma en un texto policial— que lo impulsarán a participar activamente en la construcción del texto: deberá, por ejemplo, reconocer que lo que lee es una parodia y conocer el objeto parodiado para poder compararlo con la nueva forma que éste ha ahora asumido: "The reception of the parody by the reader will depend on his reading of the 'signals' in the text for the parodistic relationship between the parodist's imitation and the original text." (Rose 1979, p. 27).

Podemos finalizar señalando, en términos bakhtinianos, que literatura y paraliteratura constituyen de suyo dos "lenguajes" irreconciliables, lo que resulta reforzado al configurarse entre ambos una relación paródica (Bakhtine 1987); al lenguaje literario —subordinado a la dominante poética— corresponde en los textos que hemos considerado, el seleccionar y elaborar determinados elementos del lenguaje paraliterario; pero más allá de esa fundada jerarquización, como ha podido advertirse en nuestros análisis, entrelazados en un diálogo, ambos lenguajes se activan y se iluminan recíprocamente.

REFERENCIAS BIBLIOGRAFICAS

Alazraki, Jaime (1972) "Borges and the Kabbalah," *TriQuarterly* 25, 240-267.

Allen, Robert C. (1983) "On Reading Soaps: A Semiotic Primer," en *Regarding Television: Critical Approaches — An Anthology*, ed. Ann Kaplan. Los Angeles, Ca.: University Publications of America, pp. 97-108.

Amossy, Ruth (1984) "Stereotypes and Representation in Fiction," *Poetics Today* 5, 4, 689-700.

Andreu, Alicia (1983) "De Galdós a Manuel Puig," *Revista Ibero-americana* 123-124, 541-546.

Andrew, Dudley (1984) *Concepts in Film Theory*. Oxford, New York, Toronto and Melbourne: Oxford University Press.

Angenot, Marc (1975) *Le roman populaire: Recherches en paralittérature*. Montreal: Les Presses de l'Université du Québec.

Arsan, Emmanuelle (1975) *Emmanuelle,* trad. Xavier Roy. Paris: Editions Ruedo ibérico.

Atkinson, Nora (1929) *Eugène Sue et le roman-feuilleton*. Paris: Librairie Ancienne et Moderne A. Nizet et M. Bastard.

Auden, W.H. (1968) "The Guilty Vicarage", en *The Dyer's Hand*. New York: Vintage Books, pp. 146-158.

Ayala, Francisco (1985) *La retórica del periodismo y otras retóricas*. Madrid: Espasa-Calpe.

Ayguals de Izco, M. Wenceslas (1846) *Marie l'espagnole ou la victime d'un moine*. Paris: Librairie du Dutertre. La novela original se titula *María o la hija de un jornalero*. Madrid: Imprenta de Ayguals de Izco, 1845-1846.

Bakhtine, Mikhail M. (1978a) *Esthétique et théorie du roman*, trad. Daria Olivier. Paris: Gallimard.

_____ (1978b) "The Forms of Time and the Chronotophos in the Novel," trad. Wendy Rosslyn. *PTL* 3, 3, 493-528.

——————— (1987) "From the Prehistory of Novelistic Discourse", en *The Dialogic Imagination*, ed. Michael Holquist, trads. Caryl Emerson y Michael Holquist. Austin, Texas: University of Texas Press, pp. 41-83.

Balázs, Béla (1970) *Theory of the Film*, trad. Edith Bone. New York: Dover Publications.

Barthes, Roland (1957) *Mythologies*. Paris: Seuil.

——————— (1970) *S/Z*. Paris: Seuil.

——————— (1972) "Introducción al análisis estructural de los relatos", trad. Beatriz Dorriots, en *Análisis estructural del relato*. Buenos Aires: Tiempo contemporáneo, pp. 9-43.

——————— (1973a) *Le plaisir du texte*. Paris: Seuil.

——————— (1973b) "Analyse textuelle d'un conte d'Edgar Poe", en *Sémiotique narrative et textuelle*, ed. Claude Chabrol. Paris: Larousse, pp. 29-54.

——————— (1974) "De la obra al texto", en *¿Por dónde empezar?*, trad. Francisco Llinás. Barcelona: Tusquets Editor, pp. 71-81.

——————— (1975) "En sortant du cinéma," *Communications* 23, 104-107.

——————— (1978) *Leçon*. Paris: Seuil.

——————— (1981) *Le grain de la voix: Entretiens 1962-1980*. Paris: Seuil

Bataille, George (1979) *El erotismo,* trad. Toni Vicens. Barcelona: Tusquets Editores.

Baudry, Jean Louis (1975) "Le dispositif: approches métapsychologiques de l'impression de réalité," *Communications* 23, 56-72.

Benítez, Rubén (1979) *Ideología del folletín español: Wenceslao Ayguals de Izco*. Madrid: Ediciones de José Porrúa Turanzas.

Bennet, Mauricio J. (1983) "The Detective Fiction of Poe and Borges," *Comparative Literature* 35, 3, 262-275.

Bergson, Henri (1967) "Form and Becoming", en *The Philosophy of Time*, ed. Richard M. Gale, trad. Arthur Mitchell. New York: Anchor Books, pp. 397-405.

Bermúdez, Manuel (1979) "Morfología y contenido de la radionovela *La madrastra* de Inés Rodena," *Video-Forum* 3, 77-86.

Borges, Jorge Luis (1956) "La muerte y la brújula", en *Ficciones*. Buenos Aires: Emecé Editores, pp. 143-158.

Borinsky, Alicia (1978) *Ver / Ser visto (Notas para la poética)*. Barcelona: Bosch.

Bremond, Claude (1963) "Education cinématographique et culture de masse," *Communications* 2, 154-158.

Brooks, Peter (1974) "Une esthétique de l'étonnement: le mélodramme," trad. Luc Desmarquest. *Poétique* 19, 340-356.

_____ (1984) *Reading for the Plot*. Oxford: Clarendon Press.

Brunsdon, Charlotte (1983) "*Crossroads*: Notes on Soap Opera", en *Regarding Television: Critical Approaches — An Anthology*, ed. Ann Kaplan. Los Angeles, Ca.: University Publications of America, pp. 76-83.

Bullough, Edward (1957) "'Psychical Distance' as a Factor in Art and an Aesthetic Principle", en *Aesthetics*, ed. Elizabeth M. Wilkinson. Stanford, Ca.: Stanford University Press, pp. 91-130.

Butor, Michel (1958) *El empleo del tiempo*, trad. J.M. Caballero Bonald. Barcelona: Seix Barral.

Campbell, Joseph (1959) *El héroe de las mil caras*. México: Fondo de Cultura Económica.

Carroll, Robert C. (1979) "Borges and Bruno: The Geometry of Infinity in 'La muerte y la brújula'," *MLN* 94, 321-342.

Cirlot, Juan Eduardo (1958) *Diccionario de símbolos tradicionales*. Barcelona: Luis Miracle, Editor.

Cohen, Jean (1976) "Poésie et redondance," *Poétique* 28, 413-422.

Corbatta, Jorgelina (1983) "Encuentros con Manuel Puig," *Revista Iberoamericana* 123-124, 591-620.

Cortázar, Julio (1968) "Casilla del camaleón", en *La vuelta al día en ochenta mundos*. México: Siglo veintiuno, pp. 209-214.

_____ (1971) "Literatura en la revolución y revolución en la literatura: algunos malentendidos a liquidar", en *Literatura en la revolución y revolución en la literatura*, eds. Oscar Collazos, Julio Cortázar y Mario Vargas Llosa. México: Siglo veintiuno, pp. 38-77.

_____ (1973) *Libro de Manuel*. Buenos Aires: Editorial Sudamericana.

Culler, Jonathan (1975) *Structuralist Poetics*. London: Routledge and Kegan Paul.

Charney, Hanna (1981) *The Detective Novel of Manners*. London and Toronto: Associated University Presses.

Charney, Maurice (1982) *Sexual Fiction*. London and New York: Methuen.

Charnley, Mitchell (1966) *Reporting.* San Francisco: Rinehart Press.

Christ, Ronald (1977) "An Interview with Manuel Puig," *Partisan Review* 44, 1, 52-61.

Christie, Agatha (1959a) *La hora cero,* trad. Stella de Cal, en *Obras escogidas.* Madrid: Aguilar, T. IV, pp. 9-245.

——————— (1959b) *El misterio de las siete esferas,* trad. Carlos Paytuvi de Sierra, en *Obras escogidas.* Madrid: Aguilar, T. IV, pp. 247-496.

——————— (1965) *Muerte en las nubes,* trad. A. Nadal. Barcelona: Editorial Molina.

Dadoun, Roger (1983) "Un 'sublime amour' de Sherlock Holmes et de Sigmund Freud," *Littérature* 49, 69-76.

Dällenbach, Lucien (1977) *Le récit spéculaire: Essais sur la mise en abyme.* Paris: Seuil.

Doane, Mary Ann (1985) "*The Clinical Eye.* Medical Discourses in the 'Woman's Film' of the 1940s," *Poetics Today* 6, 1-2, 205-227.

Donoso, José (1980) *La misteriosa desaparición de la marquesita de Loria.* Barcelona: Seix Barral.

Dorfles, Gillo (1969) *Kitsch: an Anthology of Bad Taste,* trad. J. McHale y Roberto Sanesi. London: Studio Vista.

Doyle, Arthur Conan (1951) "Silver Blaze", en *Selected Stories by Sir Arthur Conan Doyle.* London, New York and Toronto: Oxford University Press, pp. 1-33.

——————— (1971) *The Hound of the Baskervilles.* New York: Berkeley Publishing Corporation.

Eco, Umberto (1977) *Apocalípticos e integrados,* trad. Andrés Boglar. Barcelona: Lumen.

——————— (1981) *Lector in fabula,* trad. Ricardo Pochtar. Barcelona: Lumen.

——————— (1983a) *The Role of the Reader.* London: Hutchinson.

——————— (1983b) *Apostillas a "El nombre de la rosa",* trad. Ricardo Pochtar. Barcelona: Lumen.

——————— (1984) *Obra abierta,* trad. Roser Berdoqué. Barcelona: Ariel.

——————— (1986) *Semiotics and the Philosophy of Language.* Bloomington: Indiana University Press.

Echavarren, Roberto (1977) "La superficie de lectura en *The Buenos*

Aires Affair", en *La casa de la ficción*, coordinador Julián Ríos. Madrid: Editorial Fundamentos, pp. 145-174.

_____ (1978) "*El beso de la mujer araña* y las metáforas del sujeto," *Revista Iberoamericana* 102-103, 65-75.

Eisenzweig, Uri (1983) "Présentation du genre," *Littérature* 49, 3-15.

Eliade, Mircea (1961) *Mitos, sueños y misterios*, trad. Lysandro Z.D. Galtier. Buenos Aires: Compañía General Fabril Editora.

_____ (1968) *Mito y realidad*, trad. Luis Gil. Madrid: Guadarrama.

"El folletín por entregas y el serial," (1984) *Analisi* 9, 143-166.

Ellul, Jacques (1966) *Propaganda. The Formation of Men's Attitude.* New York: Alfred A. Knopf.

Epple, Juan Armando (1974-1975) "*The Buenos Aires Affair* y la estructura de la novela policíaca," *Estudios filológicos* 10, 43-65.

Even-Zohar, Itamar (1979) "Polysystem Theory," *Poetics Today* 1, 1-2, 287-310.

_____ (Forthcoming) *Polysystem Studies* (Special issue of *Poetics Today*). Durham: Duke University Press.

Felman, Shoshana (1983) "De Sophocle à Japrisot (via Freud), ou pourquoi le policier?," *Littérature* 49, 23-42.

Frank, Roslyn (1975) "Lo profano y lo sagrado en 'La muerte y la brújula'," *Nueva narrativa hispanoamericana* 5, 127-135.

Freud, Sigmund (1970) *El chiste y su relación con lo inconsciente*, trad. Luis López Ballesteros y de Torres. Madrid: Alianza Editorial.

_____ (1973) "Beyond the Pleasure Principle", en *The Standard Edition of the Complete Psychological Works of Sigmund Freud*, V. XVIII, trad. James Strachey. London: The Hogarth Press, pp. 3-64.

_____ (1981) *Psicología de las masas*, trad. Luis López Ballesteros y de Torres. Madrid: Alianza Editorial.

Genette, Gérard (1966) "Figures", en *Figures*. Paris: Seuil, pp. 205-221.

_____ (1969) "Vraisemblance et motivation", en *Figures II*. Paris: Seuil, pp. 71-99.

_____ (1972) *Figures III*. Paris: Seuil.

_____ (1983) *Nouveau discours du récit*. Paris: Seuil.

180   MYRNA SOLOTOREVSKY

González Bermejo, Ernesto (1978) *Conversaciones con Cortázar*. Barcelona: Edhasa.

González Boixó, José Carlos (1978) "De la subliteratura a la literatura: el 'elemento añadido' en *La tía Julia y el escribidor* de M. Vargas Llosa," *Anales de literatura hispanoamericana* 6, 7, 141-156.

Gornick, Vivian (1972) "Woman as Outsider", en *Woman in Sexist Society*, ed. Vivian Gornick y Barbara Moran. New York: The New American Library, pp. 126-144.

Greenberg, Clement (1960) "Avant-Garde and Kitsch", en *Mass Culture*, ed. Bernard Rosenberg y David Manning White. Glencoe: The Free Press, pp. 98-110.

Grella, George (1970) "Murder and Manners: The Formal Detective Novel," *Novel* 4, 1, 30-48.

Griffin, Susan (1981) *Pornography and Silence*. New York: Harper Colophon Books.

Grivel, Charles (1978) "Les universaux de texte," *Littérature* 30, 25-50.

Grossvogel, David (1979) *Mystery and its Fictions: From Oedipus to Agatha Christie*. Baltimore and London: The John Hopkins University Press.

Gubern, Román (1974) *La imagen y la cultura de masas*. Barcelona: Bruguera.

Gutiérrez Mouat, Ricardo (1983) *José Donoso: Impostura e impostación*. Gaithersburg, Md.: Hispamérica.

Hackett, Robert A. (1984) "Decline of a Paradigm? Bias and Objectivity in News Media Studies," *Critical Studies in Mass Communication* 1, 3, 229-259.

Hamon, Philippe (1972) "Qu'est-ce qu'une description?," *Poétique* 12, 465-485.

Hartman, Geoffrey (1975) "Literature High and Low: The Case of the Mystery Story", en *The Fate of Reading*. Chicago and London: University of Chicago Press, pp. 203-222.

Heidegger, Martin (1958) *Arte y poesía,* trad. Samuel Ramos. México: Fondo de Cultura Económica.

Herschberg-Pierrot, Anne (1980) "Problématiques du cliché," *Poétique* 43, 334-345.

Holquist, Michael (1971) "Whodunit and Other Questions: Metaphysical Detective Stories in Post-War Fiction," *New Literary History* 3, 1, 135-156.

Humphrey, Robert (1959) *Stream of Consciousness in the Modern Novel.* Berkeley and Los Angeles, Ca.: University of California Press.

Hutcheon, Linda (1981) "Ironie, satire, parodie," *Poétique* 46, 140-155.

_____ (1984) *Narcissistic Narrative: The Metaficional Paradox.* New York and London: Methuen.

_____ (1985) *A Theory of Parody.* New York and London: Methuen.

Ifri, Pascal A. (1987) "Focalisation et récits autobiographiques," *Poétique* 72, 483-495.

Incledon, John (1980) "La 'ejecución silenciosa' en *Libro de Manuel,*" *Cuadernos Hispanoamericanos* 364-366, 510-517.

Iser, Wolfgang (1971) "Indeterminacy and the Reader's Response in Prose Fiction", en *Aspects of Narrative. Selected Papers from the English Institute*, ed. J. Hillis Miller. New York and London: Columbia University Press.

Jakobson, Roman (1960) "Linguistics and Poetics", en *Style in Language*, ed. Thomas A. Sebeok. Cambridge, Mass.: The Massachusetts Institute of Technology Press.

_____ (1973) "La dominante", en *Questions de poétique,* trad. André Jarry. Paris: Seuil, pp. 145-151.

Jauss, Hans Robert (1976) *La literatura como provocación*, trad. Juan Godo Costa. Barcelona: Ediciones Península.

Jenny, Laurent (1972) "Structure et fonction du cliché. A propos des 'Impressions d'Afrique'," *Poétique* 12, 495-517.

Johnston, Claire (1977) "Myths of Women in the Cinema", en *Women and the Cinema: A Critical Anthology*, ed. Karyn Kay y Gerald Peary. New York: E.P. Dutton, pp. 407-411.

Jones, Julia (1979) "*La tía Julia y el escribidor*: Mario Vargas Llosa's Versions of Self," *Critique. Studies in Modern Fiction* 21, 1, 73-82.

Jung, C.G. (1972) *The Spirit of Man, Art and Literature,* trad. R.F.C. Hull. Princeton, N.J.: Princeton University Press.

_____ (1975) "The Phenomenology of the Spirit in Fairytales", en *The Archetypes and the Collective Unconscious*, trad. R.F.C. Hull. London: Routledge and Kegan Paul, pp. 207-254.

Kant, Emmanuel (1951) *Crítica de la razón práctica*, trad. Manuel García Morente. Buenos Aires: El Ateneo.

Kawin, Bruce (1972) *Telling It Again and Again, Repetition in Literature and Film*. Ithaca, N.Y.: Cornell University Press.

Kayser, Wolfgang (1954) *Interpretación y análisis de la obra literaria*, trad. M.D. Mouton y V.G. Yebra. Madrid: Gredos.

Kermode, Frank (1967) *The Sense of an Ending*. New York: Oxford University Press.

Kerr, Lucille (1980) "*The Buenos Aires Affair*: Un caso de repetición criminal," *Texto crítico* 6, 201-232.

_____ (1987) *Suspended Fictions: Reading Novels by Manuel Puig*. Urbana, Chicago: University of Illinois Press.

Keyser, Samuel Jay (1983) "There is Method in Their Adness: The Formal Structure of Advertisement," *New Literary History*, 14, 2, 305-334.

Knight, Stephen (1980) *Form and Ideology in Crime Fiction*. Great Britain: The Macmillan Press.

Kristeva, Julia (1968) "Problèmes de la structuration du texte", en *Théorie d'ensemble*. Paris: Seuil, pp. 297-316.

_____ (1969) "Poésie et négativité", en *Semiotikè: Recherches pour une sémanalyse*. Paris: Seuil, pp. 246-277.

_____ (1970) "La productividad llamada texto", en *Lo verosímil*, trad. Beatriz Dorriots. Buenos Aires: Tiempo Contemporáneo, pp. 63-93.

_____ (1975) "Ellipse sur la frayeur et la séduction spéculaire," *Communications* 23, 73-78.

Kronhausen, Eberhard and Phillis (1964) *Pornography and the Law*. New York: Ballantine Books.

Lecercle, Jean-Jacques (1985) *Philosophy through the Looking Glass*. London, Melbourne, Sydney, Auckland and Johannesburg: Hutchinson.

Lejeune, Philippe (1975) *Le pacte autobiographique*. Paris: Seuil.

Lévi-Strauss, Claude (1968) *Mitológicas. Lo crudo y lo cocido*, trad. Juan Almela. México: Fondo de Cultura Económica.

Lewis, Bart L. (1983) "*Pubis angelical*: la mujer codificada," *Revista Iberoamericana* 123-124, 531-540.

Lindstrom, Naomi (1980) "Manuel Puig, *Pubis angelical,*" *Journal of Spanish Studies: Twentieth Century* 8, 208-210.

López Morales, Berta (1980-1981) "La función del cliché en *La tía Julia y el escribidor,*" *Boletín del Instituto de Filología de la Universidad de Chile* 31, 1003-1018.

Loth, David (1961) *The Erotic in Literature.* New York: Julian Messner.

Lotman, Iouri (1973) *La structure du texte artistique,* trad. Anne Fournier, Bernard Kreise, Eve Malleret y Joëlle Yong, bajo la dirección de Henri Meschonnic. Paris: Gallimard.

_____ (1979) *Estética y semiótica del cine,* trad. José Fernández Sánchez. Barcelona: Editorial Gustavo Gili.

_____ (1982) "The Text and the Structure of Its Audience," trad. Ann Shukman. *New Literary History* 14, 1, 81-87.

Luchting, Wolfgang A. (1979) "Mario Vargas Llosa and the Dragon: *La tía Julia y el escribidor,*" *Research Studies* 47, 2, 122-129.

Magnarelli, Sharon (1986) "The Diseases of Love and Discourse: *La tía Julia y el escribidor* and *María,*" *Hispanic Review* 54, 2, 195-205.

Marcus, Steven (1977) *The Other Victorians.* New York: New American Library.

Martínez Bonati, Félix (1960) *La estructura de la obra literaria.* Santiago: Ediciones de la Universidad de Chile.

_____ (1977) "Lectura y crítica," *Revista canadiense de estudios hispánicos* 1, 2, 209-216.

Masiello, Francine (1978) "Jail House Flicks: Projections by Manuel Puig," *Symposium* (Spring), 15-24.

Mendel, Gérard (1970) "Psychanalyse et paralittérature", en *Entretiens sur la paralittérature,* eds. Jean Tortel, Noël Arnaud y Francis Lacassin. Paris: Plon, pp. 441-464.

Messac, Régis (1975) *Le "detective novel" et l'influence de la pensée scientifique.* Genève: Slatkine Reprints.

Metz, Christian (1975) "Le signifiant imaginaire," *Communications* 23, 3-55.

_____ (1976) "The Fiction Film and Its Spectator: A Metapsychological Study," *New Literary History* 8, 1, 75-105.

Michelson, Peter (1971) *The Aesthetics of Pornography.* New York: Herder and Herder.

Modleski, Tania (1979) "The Search for Tomorrow in Today's Soap Operas," *Film Quarterly* 33, 1, 12-21.

Morello-Frosch (1981) "Usos y abusos de la cultura popular: *Pubis angelical* de Manuel Puig", en *Literature and Popular Culture in the Hispanic World*, ed. Rose S. Minc. Gaithersburg, Md.: Hispamérica and Montclaire State College, pp. 31-42.

Muñoz, Elías Miguel (1986) "El discurso utópico de la sexualidad en *El beso de la mujer araña* de Manuel Puig," *Revista Iberoamericana* 135-136, 361-378.

Murch, A.E. (1968) *The Development of the Detective Novel*. Port Washington, N.Y.: Kennicat Press.

Murillo L.A. (1968) *The Cyclical Night*. Cambridge, Mass.: Harvard University Press.

Ortega, Julio, ed. (1973) "Julio Cortázar", en *Convergencias / divergencias / incidencias*. Barcelona: Tusquets Editor, pp. 13-36.

Ortega y Gasset, José (1956) *Meditaciones del Quijote*. Madrid: Revista de Occidente.

Ousby, Ian (1976) *Bloodhounds of Heaven*. Cambridge, Mass.: Harvard University Press.

Oviedo, José Miguel (1983a) "*La tía Julia y el escribidor* o el autorretrato cifrado", en *Mario Vargas Llosa: estudios críticos,* coordinadores C. Rossman y A.W. Friedman. Madrid: Alhambra, pp. 209-228.

_____ (1983b) "Conversación con Mario Vargas Llosa sobre *La tía Julia y el escribidor*", en *Mario Vargas Llosa: estudios críticos,* coordinadores C. Rossman y A.W. Friedman. Madrid: Alhambra, pp. 200-208.

Peralta, Sergio (1983) "El texto como máscara", Universidad de Santiago de Chile, II Seminario Nacional de Estudios Literarios. Facultad de Estudios Generales, Departamento de Idiomas. Sociedad Chilena de Estudios Literarios (25, 26, 27 abril), pp. 316-327.

Pérez Rioja, J.A. (1962) *Diccionario de símbolos y mitos*. Madrid: Tecnos.

Picon Garfield, Evelyn (1981) *Cortázar por Cortázar*. México: Universidad Veracruzana.

Pope, Randolph D. (1974) "Dos novelas álbum: *Libro de Manuel* de Cortázar y *Figuraciones en el mes de marzo* de Díaz Valcárcel," *The Bilingual Review/La Revista Bilingüe* 1, 170-184.

Porter, Dennis (1982) "Soap Time: Thoughts on a Commodity Art Form", en *Television: The Critical View*, ed. Horace Newcomb. New York and Oxford: Oxford University Press, pp. 122-131.

Prego, Omar (1985) *La fascinación de las palabras*. Barcelona: Muchnik Editores.

Puig, Manuel (1973a) *Boquitas pintadas*. Buenos Aires: Editorial Sudamericana.

_____ (1973b) *The Buenos Aires Affair*. Buenos Aires: Editorial Sudamericana.

_____ (1978) *El beso de la mujer araña*. Barcelona: Seix Barral.

_____ (1979) *Pubis angelical*. Barcelona: Seix Barral.

Real Academia Española (1984) *Diccionario de la lengua española*. Madrid: Espasa-Calpe.

Reedy, Daniel (1981) "Del beso de la mujer araña al de la tía Julia: estructura y dinámica interior," *Revista Iberoamericana* 116-117, 109-116.

Ricardou, Jean (1967) *Problèmes du nouveau roman*. Paris: Seuil.

Riffaterre, Michael (1971) *Essais de stylistique structurale*. Paris: Flammarion.

Rimmon-Kenan, Shlomith (1980) "The Paradoxical Status of Repetition," *Poetics Today* 1, 4, 151-159.

Robbe-Grillet, Alain (1965) "Joë Bousquet el Soñador", en *Por una nueva novela*, trad. Caridad Martínez. Barcelona: Seix Barral, pp. 109-124.

_____ (1983) "Entretien," *Littérature* 49, 16-22.

Rodríguez Monegal, Emir (1972) "El folletín rescatado," *Revista de la Universidad de México* 27, 2, 25-35.

Roeh, Itzhac y Feldman, Saúl (1984) "The Rhetoric of Numbers in Front-Page Journalism: How Numbers Contribute to the Melodramatic in the Popular Press," *Text* 4, 4, 347-368.

Rosbottom, Ronald (1978) "The Melodrama of Meaning," *Diacritics* 8, 30-40.

Rose, Margaret (1979) *Parody // Meta-Fiction*. London: Croom Helm.

Rubman, Lewis H. (1973) "Creatures and Creators in *Lolita* and 'Death and the Compass'," *Modern Fiction Studies* 19, 3, 433-452.

Ruiz, Mimoso (1982) "Aspects des 'media' dans *El beso de la mujer araña* de Manuel Puig (1976) et *La tía Julia y el escribidor* de

Mario Vargas Llosa (1977)," *Langues Neo Latines* 76, 240, 29-47.

Ryan, Michael (1980) "Self-Evidence," *Diacritics* 10, 2-16.

Rycroft, Charles (1968) "Analysis of a Detective Story", en *Imagination and Reality*. New York: International Universities Press, pp. 114-128.

Sade, The Marquis de (1982) *The 120 Days of Sodom and Other Writings*, trad. Austryn Wainhouse y Richard Seaver. New York: Grove Press.

Safir, Margery A. (1975) "Mitología: otro nivel de metalenguaje en *Boquitas pintadas*," *Revista Iberoamericana* 90, 47-58.

Sarduy, Severo (1971) "Notas a las notas a las notas... A propósito de Manuel Puig," *Revista Iberoamericana* 76-77, 555-567.

Scheglov, Yu. K. (1975) "Towards a Description of Detective Story Structure," trad. L.M. O'Toole, *Russian Poetics in Translation* 1, 51-77.

Segre, Cesare (1975) *Las estructuras y el tiempo*, trad. Milagros Arizmendi y María Hernández Esteban. Barcelona: Planeta.

Solotorevsky, Myrna (1983) *José Donoso: Incursiones en su producción novelesca*. Valparaíso: Ediciones Universitarias de Valparaíso.

_____ (1986) "The Model of Midrash and Borges's Interpretative Tales and Essays", en *Midrash and Literature,* ed. Geoffrey H. Hartman y Sanford Budick. New Haven: Yale University Press, pp. 253-264.

Sontag, Susan (1970) "The Pornographic Imagination", en *Styles of Radical Will*. New York: Dell Publishing Company, pp. 35-73.

Sosnowski, Saúl (1973) "Entrevista," *Hispamérica* 3, 69-80.

Spengeman, William (1980) *The Forms of Autobiography*. New Haven and London: Yale University Press.

Sue, Eugène (1965) *Les mystères de Paris*. Paris: Editions Baudelaire.

Suleiman, Susan R. (1980) "Introduction: Varieties of Audience-Oriented Criticism", en *The Reader in the Text*, ed. Susan R. Suleiman e Inge Crosman. Princeton, N.J.: Princeton University Press, pp. 3-45.

_____ (1983) *Authoritarian Fictions*. New York: Columbia University Press.

Symons, Julian (1972) *Bloody Murder*. London: Faber and Faber.

Tamayo, Marcial y Ruiz-Díaz, Adolfo (1955) *Borges, enigma y clave*. Buenos Aires: Editorial Nuestro Tiempo.

Tani, Stefano (1984) *The Doomed Detective*. Carbondale: Southern Illinois University Press.

Tellado, Corín (1967) *La mujer de mi amigo*. Barcelona: Bruguera.

——————— (1974) *Esto ocurrió a Cecile*. Barcelona: Bruguera.

——————— (1976) *Te debes a tu nombre*. Barcelona: Bruguera.

——————— (1981) *Arturo y mi hermana*. Barcelona: Bruguera.

Todorov, Tzvetan (1971) "Typologie du roman policier", en *Poétique de la prose*. Paris: Seuil, pp. 55-65.

——————— (1972) *Introducción a la literatura fantástica*, trad. Silvia Delpy. Buenos Aires: Tiempo Contemporáneo.

——————— (1973a) *Poétique*. Paris: Seuil.

——————— (1973b) "Some Approaches to Russian Formalism", trad. Bruce Merry, en *Russian Formalism*, ed. Stephen Bann y John E. Bowlt. Edinburgh: Scottish Academic Press, pp. 6-19.

Toloyan, Khachig y Hayes, Aden W. (1981) "The Cross and the Compass: Patterns of Order in Chesterton and Borges," *Hispanic Review* 49, 395-405.

Tortel, Jean (1970) "Qu'est-ce que la paralittérature?", en *Entretiens sur la paralittérature*, eds. Jean Tortel, Noël Arnaud y Francis Lacassin. Paris: Librairie Plon, pp. 7-31.

Tuchman, Gaye (1971-72) "Objectivity as Strategic Ritual: An Examination of Newsmen's Notions of Objectivity," *American Journal of Sociology* 77, 4, 660-679.

——————— (1973) "Making News by Doing Work: Routinizing the Unexpected," *American Journal of Sociology* 79, 110-131.

——————— (1978) *Making News: A Study in the Construction of Reality*. New York: The Free Press.

Tynyanov, Yuri (1982) "The Fundamentals of Cinema," trad. L.M. O'Toole, *Russian Poetics in Translation* 9, 32-54.

Urquidi Illanes, Julia (1983) *Lo que Varguitas no dijo*. La Paz: Editorial Khana Cruz.

Vargas Llosa, Mario (1981) *La tía Julia y el escribidor*. Barcelona: Seix Barral.

Waugh, Patricia (1984) *Metafiction: The Theory and Practice of Self-Conscious Fiction*. London and New York: Methuen.

Williams, Raymond L. (1979) "*La tía Julia y el escribidor*: escritores y lectores," *Texto crítico* 13, 197-209.

Yndurain, Domingo (1981) "Vargas Llosa y el escribidor," *Cuadernos Hispanoamericanos* 370, 150-173.

Ynduráin, Francisco (1970) *Galdós entre la novela y el folletín*. Madrid: Taurus.

Yudice, George (1981) "*El beso de la mujer araña* y *Pubis angelical*: Entre el placer y el saber", en *Literature and Popular Culture in the Hispanic World*, ed. Rose S. Minc. Gaithersburg, Md.: Hispamérica and Montclair State College, pp. 43-47.

Zavala, Iris M. (1971) *Ideología y poética en la novela española del siglo XIX*. Salamanca: Anaya.